HISTORIA ABREVIADA
DE TOLEDO

Ventura Leblic

Ventura Leblic

HISTORIA ABREVIADA DE
TOLEDO

Editorial LEDORIA
J M R

Página del Libro de privilegios de Toledo. AMT.

I.S.B.N.: 978-84-19887-72-6
Depósito Legal: TO-281-2025
© Del texto: El autor
© De las fotografías: Ventura Leblic, Miguel Larriba y Jesús Muñoz Romero.
La foto de la página 77 es cortesía del Museo de Santa Cruz.
© De la edición: Editorial LEDORIA-Jesús Muñoz Romero
* Calle de la Fuente del Moro, núm. 6
Toledo
Teléfono: 636 56 03 70
Correo electrónico de contacto: info@editorial-ledoria.com
www.editorial-ledoria.com

Diseño de la cubierta: Equipo de la editorial Ledoria

TOLEDO COMO ESA LUCIÉRNAGA DE LUZ PÉTREA

Vivimos tiempos especialmente convulsos. Parece que el capitalismo y el pragmatismo nos empujan a aprovechar el tiempo en actividades que sean productivas y útiles. Y la comunicación telemática hace que se incremente el flujo y la rapidez con la que circula la información de un sitio para otro. La Tierra hace su rotación (sobre sí misma) y su traslación (alrededor del Sol) a su velocidad pertinente, sin prisa y sin pausa, pero nosotros, sin embargo, pisamos el acelerador, aumentamos nuestra velocidad para hacer más y más cosas y aprovechar el tiempo. Vivimos una vida ajetreada, como si fuéramos conduciendo siempre por autovía; nos cuesta ser dueños de nuestro tiempo, algo que solo sucede cuando llegan las vacaciones y podemos dedicar los minutos a lo que nos apetece.

Nunca como ahora parece sabio aquel consejo de Baltasar Gracián: «Lo bueno, si breve, dos veces bueno». Esta brevedad también tiene su ventaja cuando se trata de algo negativo: lo malo, si poco, no tan malo. A la idea de Gracián podríamos añadir también el afeitado que proporciona la llamada navaja del filósofo G. de Ockham: resulta conveniente no ser complejo ni andarse por las ramas sin necesidad; siempre es preferible la explicación más sencilla a la más compleja. Para que la luz entre con su claridad conviene evitar la espesura. Por tanto, es recomendable la poda.

De todas formas, pienso que las afirmaciones de Gracián y de Ockham deben ser matizadas. ¿En qué sentido? Por un lado, a veces nos ocurren cosas buenas que nos gustaría que durasen más tiempo (un viaje, una relación amorosa, un paseo o una reunión de amigos). Y, por otro lado, el hecho de una teoría, sea simple o sencilla, no significa que por eso sea verdadera; habrá que comprobar si hay o no pruebas suficientes para confirmar esa teoría. Y esto sucede porque la brevedad y la sencillez son aspectos formales, no nos dicen nada sobre el contenido de eso a lo que se refieren. Algo no es bueno porque sea breve o sencillo, sino por algo más.

Este libro que el lector tiene en sus manos es una breve historia de Toledo. El mérito que presenta este volumen no es el hecho de que sea breve, sino de que ofrezca una excelente síntesis de la historia de Toledo, de modo que la brevedad necesita una valoración para que sea valiosa. Ya de por sí se trata de un gran reto, pues abarca nada menos que el arco temporal que va desde la prehistoria de Toledo (que nos lleva a aquellos *prototoledanos* que se asentaron en un peñón, el del Cerro del Bú, junto al río Tajo, hoy desgraciadamente escuálido y sucio) hasta la época de la Transición que trajo a nuestro país un largo período de estabilidad democrática. Se trata de decir mucho y bien desde lo poco, como sucede en la composición poética del haikú, de origen japonés, formada por solo tres versos que suman diecisiete sílabas. Este libro perfectamente podría ser pariente de un haikú.

Desde luego que este volumen es muy útil, tanto para los que visitan Toledo como para sus moradores, por el hecho de que pueden acceder a un resumen muy bien ajustado y resuelto de la historia de Toledo. Es cierto que es una historia que se refiere a Toledo, pero eso no significa que se trate de una historia anclada en el particularismo. ¿Por qué digo esto? Ya afirmaba Pérez Galdós que Toledo es una historia de España completa. En realidad, en la historia de Toledo se pueden rastrear los principales capítulos de la historia de España: la España romana, la visigoda, los ocho siglos de dominación árabe, la Monarquía fundada por los Reyes Católicos, el Toledo de los Austrias, etc. Esto es importante porque de lo particular podemos subir peldaños hacia lo general. Es fácil seguir las pistas de lo que sucede en España a partir de lo que ocurre en Toledo, porque es algo así como un termómetro de la historia a secas.

Este proyecto de escribir una historia abreviada no le pilla de sorpresa al autor, pues ya publicó en el 2010 una *Breve historia de Toledo*; un libro que se vendió mucho y que hoy es ya inencontrable. Ahora el desafío exige una pirueta que supone «un más difícil todavía»: reducir esa brevedad para complacer a los lectores que disfrutan de los textos breves, a los que piensan que el tamaño importa. Esto requiere una ímproba labor de expurgo, de quitar paja, con vistas a ir al grano.

Este libro, además, tiene un sello especial de calidad porque su autor es Ventura Leblic. Siempre me ha llamado la atención su labor profesional entregado a la rehabilitación social y a la formación en el Hospital de

Parapléjicos, su tarea al frente de la asociación los Montes de Toledo (¡fundada en 1977!), sus actividades, en general, como historiador con artículos y libros que son imprescindibles para conocer aspectos de Toledo y la provincia. No es exagerado sostener, y lo digo para aquellos que no lo conocen, que Ventura Leblic es uno de los mejores divulgadores de la historia con los que cuenta Toledo. Si alguien afirma que se trata de una afirmación sesgada por mi relación de amistad con él (ciertamente me enorgullezco de ser amigo y vecino suyo), solo hace falta echar un vistazo a sus publicaciones. Basta prestar atención a sus estudios sobre historia, antropología y heráldica para constatar que se trata de un dato que encuentra apoyatura en la objetividad de los textos, que hablan por sí solos. Pero el conocimiento, en mi opinión, debe verse reflejado en la ética: no sirve de mucho saber bastante si luego esa sabiduría no ayuda a mejorar como persona. Por eso quiero resaltar que Ventura Leblic no solo es un sabio, sino que destaca por la calidez de su humanidad, por su compromiso cívico y por su apoyo a la cultura en muchos ámbitos, de modo que es una persona que brilla por su ejemplaridad.

En este libro salen a la luz los principales protagonistas de la historia de Toledo, los que, por utilizar un término con sabor unamuniano, pertenecen a la extrahistoria; es decir, aquellos que han tenido un papel importante en la historia. Pero no hay que olvidar la relevancia de aquellas personas anónimas (aunque nadie es anónimo), que han cumplido con sus deberes y obligaciones, y que son fundamentales a nivel *ad intra* para que la maquinaria de la historia avance o funcione. Siempre me ha gustado ver la historia como una gran empresa en la que todos trabajamos sí o sí. No significa que haya que hacer grandes cosas, sino dejar huella, aunque a veces sea pequeñísima y sin ser consciente. Basta pensar en las consecuencias de todo lo que hacemos, como bellamente ilustra la película *¡Qué bello es vivir!* cuando su protagonista, George Bailey, abrumado por la pérdida de una importante suma de dinero, que supondría la quiebra de su negocio, prefiere no haber vivido y decide suicidarse. Y, por cierto, Unamuno hacía la siguiente recomendación: «Obra de modo que merezcas a tu propio juicio y a juicio de los demás la eternidad, que te hagas insustituible, que no merezcas morir». La vida es un regalo y conviene no pasar por ella en vano, de ahí que convenga dejar huella para hacer que la muerte no solo sea un acto natural, sino, además, injusto. Cada persona tiene su historia y su manera personal de aportar algo a la historia.

Desde luego que la ciudad *encolinada* de Toledo tiene un embrujo especial, que ha atraído y atrae a tantas personas como una nueva Ítaca. Por su disposición en alto y abrazada por el Tajo, que transcurre en su hondón rocoso; por su abundancia de monumentos; por su estructura callejera; por su vinculación con la religiosidad (con tantas iglesias y conventos); por su inconfundible silueta o su *skyline*; por su vinculación con tantos escritores y artistas (como san Juan de la Cruz, El Greco, Garcilaso, Bécquer y Buñuel); por la abundancia de leyendas que confieren a la ciudad un halo misterioso y críptico, como si, igual que un iceberg, hubiera otro Toledo por debajo del que se ve... Las ciudades no tienen cuerpo ni alma, pero en ellas están las huellas de los que la habitaron. Toledo es *Toletum*, *Toletola*, *Tulaytola*, *urbs regia*, ciudad rebelde, ciudad mozárabe, la Jerusalén de Sefarad, la segunda Roma, la ciudad de *Tristana*, la capital de Castilla-La Mancha... Toledo es una ciudad que pertenece a todos porque es patrimonio de la Humanidad, por eso debe ser especialmente protegida y custodiada pensando en que pueda ser disfrutada por los que viven hoy y por las generaciones venideras. El principal peligro hoy día es que el centro histórico, que prácticamente vive del turismo, se convierta en un barrio de cartón piedra; es decir, que no tenga vida, que solo esté habitado por visitantes y turistas que están de paso. El corazón de Toledo dejará de latir cuando no haya toledanos intramuros.

Este libro que ahora tienes en tus manos, querido lector, es un trabajo que te acerca a la historia de una ciudad que fue Imperial y cuna de la coexistencia de las tres culturas. Toledo es un promontorio de historia en flor, una luciérnaga de luz pétrea que todos podemos disfrutar por su belleza y tenemos el deber de mantener. Este libro puede servirte de Virgilio, para que, igual que Dante, te adentres de su mano en esta ciudad tan especial, por su hondura y altura, con tanto por descubrir. Hay muchos Toledos, ahora cada uno debe descubrir el suyo...

Santiago Sastre
Profesor universitario y escritor

BREVE HISTORIA DE TOLEDO

Condensar la historia de una ciudad varias veces milenaria como Toledo no es tarea fácil, pero debemos responder con el interés por conocer la ciudad de quienes nos visitan o se interesan por ella.

Con este librito, que quiere ser como un corto centelleo de los tiempos históricos, se pretende ayudar al lector a explorar las claves que han contribuido al desarrollo de la ciudad con las diferentes culturas que la poblaron. Se trata de un esbozo de su riqueza en acontecimientos y protagonistas dignos de rememorar, que van más allá de la pura historia local, convirtiendo esta «peñascosa pesadumbre», en palabras de Cervantes, en «Gloria de España y luz de sus ciudades».

Y si además recordamos el proverbio que asegura que «todo cabe en un jarrito sabiéndolo acomodar», nos encontramos en situación de proporcionar al lector desde estas páginas una narración que recoge todo aquello que brilla con más intensidad en el tiempo histórico, prescindiendo del mar de datos para evitar el naufragio en la primera toma de contacto con la Historia de Toledo, y le sea, por el contrario, motivo de disfrute.

Calzada romana en las proximidades de la ciudad

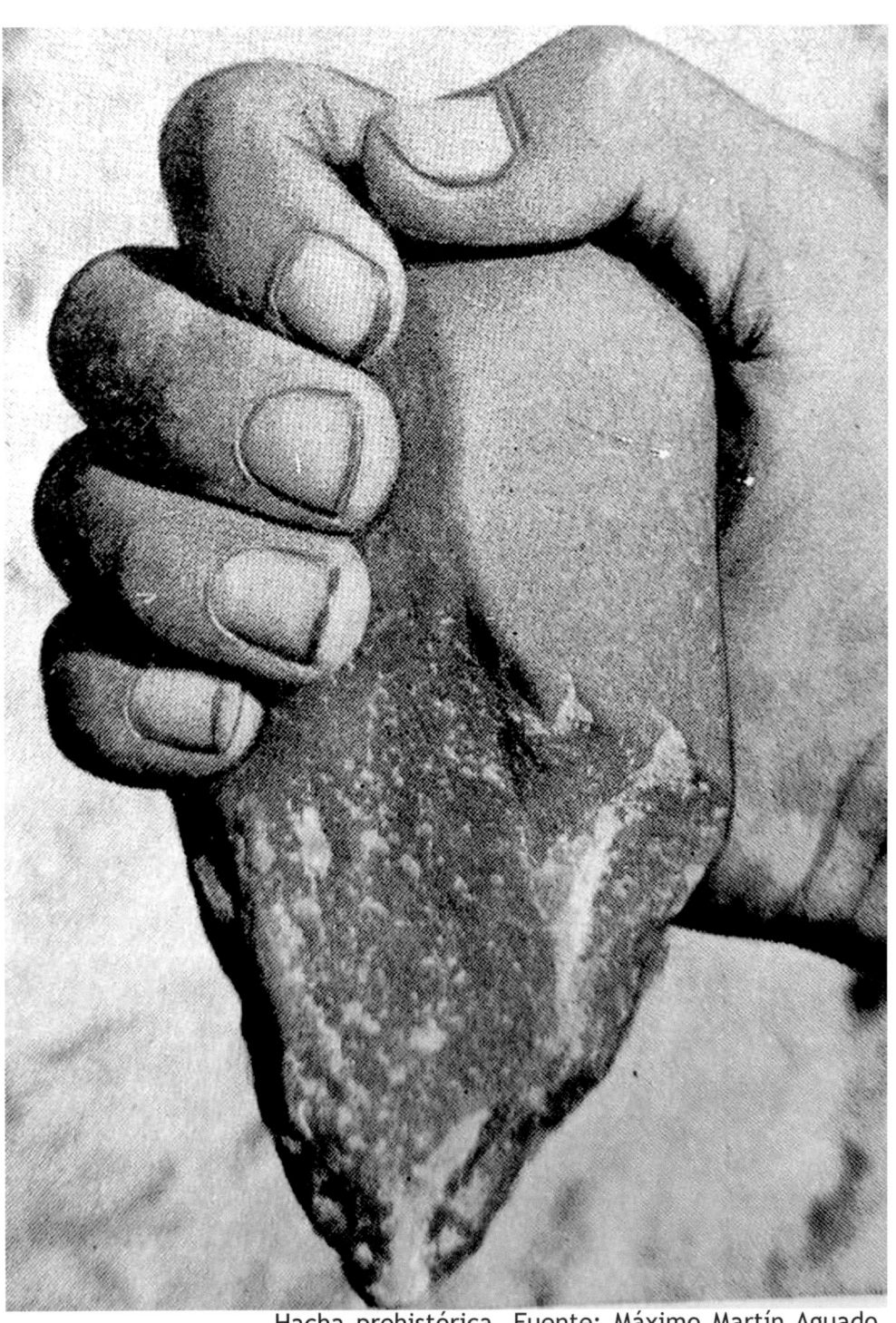

Hacha prehistórica. Fuente: Máximo Martín Aguado,
El yacimiento prehistórico de Pinedo (Toledo)

LA PREHISTORIA Y LOS CARPETANOS

La presencia del hombre en Toledo o sus cercanías viene dado por la existencia de amplias posibilidades de caza, pesca y recolección en el valle del Tajo. Aunque un hecho determinante del poblamiento de este lugar es la existencia de un vado a la entrada del río en ese callejón o foso natural que casi rodea la ciudad, donde terminan los meandros de ese curso tranquilo que se acerca por tierras sagreñas. Y dada la posibilidad de enrocamiento en las alturas que bordean al río para refugio de aquellos primeros nómadas que poblaron sus cercanías, nos dejaron sus huellas líticas en las distintas terrazas fluviales y los fósiles de la fauna a la que se enfrentaron.

Los hallazgos nos permiten relacionar culturalmente el complejo paleolítico toledano con el norte de África, lo que convierte el valle del Tajo, y este lugar particularmente, en receptor de distintas corrientes migratorias y punto clave en las comunicaciones.

A partir del Neolítico se domesticaron el paisaje y los recursos, y aparecieron los sistemas productivos de las explotaciones agrícolas y ganaderas, que permitieron la presencia de pequeños grupos estables en la llanura y las vegas fértiles, toda una garantía de abastecimiento.

Es el momento en el que encontramos algunos restos característicos del hombre sedentario, como la cerámica decorada con incisiones y caolín, cuyo exponente más representativo (que enlaza con otros territorios), es el vaso campaniforme. Se conoce un poblado en el cerro del Bú que permaneció y evolucionó hasta el Bronce, considerado como el predecesor de la ciudad.

A lo largo del segundo milenio antes de Cristo se estabilizó una población en el espacio protegido y rodeado por el Tajo, donde ya se detectan estructuras de hábitat permanente entre el 1200 y el 700 antes de Cristo. Entre los grupos asentados a lo largo del valle y sus afluentes, este que ocupa el peñón es el más poderoso y en él se estableció el grupo humano con más entidad y se situó un verdadero centro de poder. Este poblado se estructuró como el más numeroso y se convirtió en embrión de la ciudad.

De los contactos con las culturas mediterráneas ibéricas con la meseta nació un proceso de aculturación a partir del siglo VI antes de Cristo, adoptándose en el interior de la Península nuevos elementos culturales que llegaron a través del comercio que ejercían los pueblos indígenas con los colonizadores griegos, cartagineses, fenicios o romanos. Las gentes que poblaron el entorno toledano comenzaron a recibir esas influencias a partir del siglo V y IV antes de Cristo, un período en el que se desarrolló la formación del espacio carpetano impregnado de influencias ibéricas procedentes del sureste, célticas por el norte y levantinas por el oeste. Con este proceso se incorporó el hoy territorio toledano al mundo cultural del Mediterráneo, cuyas fronteras se fijaron en la cuenca media del Tajo, adonde llegó la influencia de otros pueblos occidentales del interior.

Estos mismos pueblos que se encontraban asentados en la comarca toledana también habitaron un amplio espacio geográfico comprendido desde la vertiente sur del Sistema Central hasta los Montes de Toledo, y otros territorios que limitaban con los pueblos oretanos cercanos al Guadiana. Por el oeste, los carpetanos eran vecinos de los vacceos, que se establecieron al norte y al sur de Gredos y más allá del Tajo, y permeabilizaron culturalmente al pueblo carpetano. Sus manifestaciones características eran las figuras zoomorfas de piedra conocidas por verracos, que según Camón Aznar no son signos totémicos, ni genios protectores del ganado, ni indicadores de frontera, ni emblemas tribales, sino una estilización del jabalí, el animal destinado a los sacrificios telúricos, ya que su sangre se derramaba para propiciar a las divinidades. Es decir, eran exvotos de los dioses que se levantaban en los campos como testimonios oferentes de las tribus celtas o celtíberas a la divinidad. Otra cultura asimilada por los carpetanos llegó a las puertas de Toledo por el sur, al igual que otras influencias iberas procedentes de las zonas levantinas.

Pues bien, esta conjunción de corrientes que se articulaban en el valle del Tajo determinó la personalidad de un pueblo con lazos comunes, sin cohesión política pero con un nuevo horizonte cultural que llamamos carpetano, cuyo principal centro social, económico y cultural se situó en la ciudad de los *toletani*.

Carpetania es un nombre dado por los geógrafos de la Antigüedad procedente del griego Kart-p, de donde se deriva carpetano o pueblo que habita sobre los escarpes y rocas.

Cerro del Bú, primer asentamiento en Toledo

Aunque los límites de la Carpetania están difusos en algunas zonas, los autores grecorromanos reconocen y diferencian este espacio tribal. Ptolomeo sitúa a los carpetanos al sur de los vacceos y arévacos y al norte de los oretanos. Estrabón coincide con Ptolomeo en situar a los carpetanos entre los pueblos mencionados, y ambos incluyen los «montes metalíferos» que bordean el sur del Tajo, haciendo alusión a los Montes de Toledo actuales como frontera sur de la Carpetania, donde el principal interés por esta zona montañosa de los pueblos antiguos se centraba en sus yacimientos mineros, que luego continuaron explotando los romanos.

Toledo gozó de cierta preeminencia en la región carpetana, donde Ptolomeo enumera dieciocho ciudades: Complutum, Consaburum, Aebura, Ispinum, Mertercosa, Laminio, Segóbriga..., pero señalando a la ciudad del Tajo como «caput Carpetanie».

Las influencias culturales levantinas determinaron la organización social y política. Introdujeron mejoras en la tecnología que favorecieron el cultivo de las tierras. La ganadería obtuvo mayores rendimientos, y junto con la minería y la manufacturación de algunos recursos derivados o naturales configuraron un sistema económico diversificado que contribuyó al desarrollo de la ciudad y de la extensa demarcación carpetana.

En los alrededores de Toledo se introdujo la vid y el olivo, y el cultivo de cereales se hizo extensivo al norte de la ciudad.

A finales del siglo III o comienzos del segundo antes de Cristo, hacemos notar la aparición de la moneda entre los carpetanos, debido a la intensificación del comercio con cartagineses y otros pueblos. En el siglo I antes de Cristo se acuñó moneda carpetana en Toledo, lo que nos da una idea del desarrollo que alcanzó la ciudad.

Los carpetanos se agruparon en tribus, divididas a su vez en familias que compartían sus recursos económicos, las costumbres sociales y las creencias religiosas. Vivían en aldeas casi siempre construidas en alturas rocosas protegidas por empalizadas o muros de piedra que defendían los poblados donde se agrupaban cabañas de planta circular o rectangular, distribuidas en un urbanismo desordenado.

Organizados en federaciones de ciudades, gozaron de total independencia con respecto a otros pueblos peninsulares, como lo demuestra su capacidad de firmar tratados y pactos con quienes les interesaba y en cualquier circunstancia, acuñar moneda y organizar ejércitos propios.

La ciudad carpetana de Toledo ocupaba gran parte del peñón. Poseía fuertes muros y las zonas urbanizadas se extendían por las pequeñas alturas de su interior formando barrios.

El comercio con los cartagineses, griegos, fenicios y romanos marcó el gran salto cultural que se reflejó en la ciudad, lo que nos aleja de la idea de un pueblo inculto del interior.

Fueron un pueblo dinámico en plena evolución y controlaron los caminos que ponían en comunicación la meseta norte con el sur a través del vado del río, por lo que Toledo se convirtió en un lugar estratégico para los colonizadores del Mediterráneo.

Estaban gobernados por «pequeños señores» procedentes del estamento militar. Las fábulas y las antiguas tradiciones romanas recogen los nombres de algunos «reyes carpetanos» o «régulos» para dar importancia a sus victorias. Entre ellos figura el mítico rey Tago, fundador de la ciudad y víctima de Asdrúbal Barca, según cuentan el poeta latino Silio Itálico y el historiador musulmán Rassis. Régulos legendarios fueron también: Hespero, Italo, Licinio, Palatuo y otros de existencia muy dudosa, recogidos en los falsos cronicones.

El poder de los caudillos estaba compartido con las asambleas locales, según era costumbre en los pueblos del interior, que a veces se federaban en torno a una ciudad formando pequeñas repúblicas urbanas.

Este pueblo se distinguió por su espíritu guerrero y la resistencia frente a cualquier invasión que amenazase su independencia y territorialidad. Por otro lado, muchos carpetanos se alistaron como mercenarios en los ejércitos cartagineses y romanos, contra los que más tarde lucharon.

Adoraban a los genios protectores de los caminos y encrucijadas y a los espíritus de las aguas, las rocas y los bosques. También practicaban la adivinación y creían en los dioses de la noche, del infierno y de la salud.

En Toledo no se conservan los santuarios carpetanos que debieron de existir, sin duda, salvo que representaran esta función las míticas cuevas naturales del interior del caserío o las fuentes. Tampoco se conservan estructuras de sus fortificaciones ni edificios notables, ya que todo fue reutilizado en la romanización urbana de la ciudad.

Tumba rupestre antropomorfa en los alrededores de Toledo

Cloaca romana junto a la puerta de Valmardón

TOLETVM. ROMA

Los romanos llegaron a la Península para combatir a los cartagineses. Después del tratado del Ebro (226 a. de C.), firmado por ambos bandos, se repartieron la influencia en el territorio, aunque más tarde reanudaron las hostilidades y los ejércitos romanos avanzaron desde el sur de la Península hacia Toledo. En esta marcha les salieron al paso los carpetanos, los vettones y otros pueblos celtíberos, pero fueron derrotados en las cercanías de Toledo por Cayo Marco Fulvio Nobilior en el 193 a. de C. Aquí fue capturado Hilermo, el último caudillo carpetano conocido.

Al año siguiente se inició la conquista de la ciudad, pues continuaba manteniendo su valor estratégico para controlar las comunicaciones norte-sur de la Península. Se acabó así la autonomía de los pueblos indígenas de la meseta sur y reafirmó Roma su política expansionista.

Toledo, la «*parva urbs*» de Tito Livio, se conquistó en el 192 a. de C., y esto supuso la pacificación del territorio circundante. No obstante, la actividad de acoso a los romanos no había concluido en las dos mesetas, puesto que los pueblos indígenas decidieron dar la batalla definitiva. Reunieron un contingente de soldados superior y aún así fueron derrotados por la eficacia táctica de los ejércitos romanos en el año 185 a. de C. en Alpuébrega, al sur de Toledo.

La ciudad perdió toda la esperanza de permanecer independiente frente a Roma y se integró en los esquemas políticos administrativos de los ocupantes, participando incluso con ellos en las guerras que se sucedieron en el territorio. Lucharon ambos juntos frente a los acosos que sufrió la ciudad de tribus lusitanas y celtíberas.

Desde Toledo se organizaron numerosas expediciones romanas y se convirtió en lugar de abastecimiento a sus ejércitos. Era la principal ciudad de retaguardia de la meseta central.

Roma respetó desde el principio las estructuras sociales primitivas de la ciudad introduciendo en el espacio urbano las modificaciones nece-

Graderío del Circo Romano

sarias para la nueva administración e imponiendo una nueva fiscalidad. Toletum fue ubicada dentro de la organización general del territorio, en la Hispania Ulterior, con el resto de la Carpetania. Gozaba del estatuto de «ciudad estipendaria» por el que se regulaban las relaciones entre los indígenas y Roma. Se perdía así definitivamente su autonomía en asuntos propios pero ganaba desarrollo económico, social y cultural al estar integrada en un ámbito mayor. La convivencia pacífica con los invasores facilitó el proceso de asimilación e integración en la cultura romana.

Durante el siglo I, Toledo continuó el lento proceso de transformación social y cultural.

El centro de comunicaciones que suponía la ciudad del Tajo hizo posible la presencia permanente de ejércitos romanos, que la convirtieron en un lugar de concentración e incluso de movilización de tropas. El contacto permanente con sus habitantes preparó la romanización total de la comarca, por lo que se modificaron sus hábitos de vida (olvidaron incluso su propio idioma en beneficio del latín) y más tarde alcanzaron un estatus jurídico que supuso la implantación de un nuevo modelo político. Hispania entera estuvo sometida a una colonización sistemática y a ella alude Estrabón cuando dice que «falta poco para que todos se hagan romanos».

Restos del Circo Romano

Con Augusto se inició una política de desplazamientos de poblaciones indígenas de las zonas montañosas a las más fértiles con el fin de
conseguir mayores rendimientos productivos. Pero no debemos olvidar
la existencia de una fuerte emigración de ciudadanos de la península
Itálica a Hispania, que se convirtió incluso en refugio de exiliados romanos, lo que favoreció y aceleró su romanización.

En Toledo, por el aumento demográfico que experimentó en un periodo tan corto, se intuye la presencia de numerosos colonos y grandes
familias patricias. Durante el siglo I, la ciudad dejó de ser estipendaria
para convertirse en municipio romano, pero conservó la consideración
de ciudad notable de la Carpetania.

Fue en tiempo de Augusto cuando se iniciaron en la ciudad las grandes
transformaciones urbanas bajo los esquemas políticos romanos, con la
presencia en su organización jurídica y municipal de «duunviros» o magis-
trados temporales de la administración general, de una asamblea o senado
local, de aediles, cuestores, militares, augures, flámines…, en fin, toda la
estructura de una ciudad romanizada. Quizá lo único que se mantuvo de

Restos del acueducto romano sobre el río Tajo

los carpetanos fue el culto a sus dioses hasta el siglo II, cuando desapareció todo vestigio prerromano al quedar disuelto ante la superioridad cultural y política de Roma.

Así, Toledo se convirtió en la ciudad más importante del centro peninsular, y se desarrolló en ella una amplia intervención dotacional encaminada a propiciar un programa de implantación propagandística del modelo romano, con el fin de atraer a los restos del mundo indígena y favorecer a los residentes integrados que aquí crearon sus negocios, sus villas y su cultura procedentes de otras colonias o de la propia Roma.

Se iniciaron también los mayores proyectos constructivos del mundo antiguo de acuerdo ya a las costumbres romanas. La ciudad se alejó del lugar fronterizo que fue y desapareció su carácter militar para convertirse en una próspera ciudad comercial.

Es importante reseñar el desplazamiento de la ciudad hacia las zonas de la vega cercanas al río, donde se instaló un complejo lúdico presidido

Restos del acueducto con el castillo de San Servando de fondo

por un gran **circo** construido en el siglo I, de 480 metros en el eje mayor por 82 de ancho y con un aforo calculado de 13.000 espectadores. Sus ruinas pueden verse hoy.

Junto al circo existió un teatro y un anfiteatro en la vía Sacra o de la Sagra. La necrópolis estaba situada a lo largo del camino de Ebura, junto a los barrios extramuros, y una zona residencial de villas se extendía por las orillas del río.

No faltaron los baños termales y por vez primera se construyó un puente sobre el Tajo, uno de los mayores de su época, y un **acueducto** para abastecer la ciudad que salvaba el foso del Tajo, cuyas aguas procedían de los Montes de Toledo, donde construyó una de las presas más grandes de España, con 860 m de longitud y una conducción de cincuenta y cinco kilómetros. El agua se almacenaba en depósitos de gran capacidad, en lugares estratégicos de la ciudad para su distribución en fuentes públicas y domicilios, donde también existió un complejo mundo de aljibes subterráneos para recoger el agua de lluvia. Las cloacas en forma de galerías abovedadas recorrían el subsuelo de la ciudad y evacuaban las aguas pluviales y domésticas por colectores aún visibles.

Se mantuvieron y ampliaron las murallas y en sus puertas confluían las calzadas procedentes de la Bética y Mérida y los enlaces con la vía de la Plata, Ebura, Cesaragusta y Cartagonova, más una red secundaria de calzadas que comunicaban con las antiguas ciudades carpetanas de Laminio, Segóbriga, Ercávica, Valentia, Sisapo y otras menores.

Las murallas fueron ampliando el perímetro del peñón por la presión demográfica, configurando una nueva ciudad que ocupó los espacios hábiles ceñidos por el Tajo.

De la trama urbana de la antigua ciudad indígena se mantuvieron algunos barrios y aparecieron otros, más nuevas estructuras como el foro, las termas, la curia, los templos y los edificios públicos de la administración y defensa. Las modificaciones urbanas en el interior del complejo urbano fueron marcadas por las necesidades de la nueva civilización hasta el siglo IV.

En la Vega Baja, a orillas del Tajo, aparecieron lujosas, espaciosas y confortables villas adornadas con materiales nobles y bellos mosaicos que nos indican el grado de refinamiento alcanzado por la alta sociedad toledana.

En algún momento de estos siglos de romanización llegó el cristianismo a Toledo. Quizá no sea muy difícil aventurar que fue a través de esas migraciones romanas que arrivaron a la península y se establecieron en el levante o en la Bética procedentes del norte de África. Desde aquí llegaron cristianos a la ciudad, quizá en el siglo III, estableciendo alguna comunidad doméstica que fue ampliándose hasta tener un obispo propio.

A principios del siglo IV, el prelado toledano Melancio asistió al concilio de Elvira (300-305). Fue sin duda el primero del episcopologio toledano, ya que el llamado Eugenio, que tradiciones infundadas lo sitúan en el siglo I, es apócrifo.

En las fechas del concilio citado se descubrió un «panorama prometedor de la Iglesia en Hispania» antes de Constantino. Era Toledo todavía una comunidad aún joven, pero digna de consideración en el siglo IV, cuando todavía el peso pagano se encontraba muy arraigado en la sociedad.

Después de los acuerdos de Milán (año 313) comenzaron a construirse, quizá, las primeras iglesias españolas, si bien existían en esta fecha lugares de culto cristiano, ya que una de las disposiciones del concilio citado (canon 36) prohibía en ellas el uso imágenes para distanciarse de la influencia del mundo pagano.

Reconstrucción ideal del acueducto

Al principio, en Toledo no se descartó la utilización de las espaciosas villas de algún cristiano notable para acoger a los fieles de manera discreta. Pero a principios del siglo V (400), bajo el pontificado del obispo Asturio (395-412), se celebró el primer concilio de Toledo, al que acudieron diecinueve obispos para tratar principalmente asuntos de disciplina eclesiástica y de afirmación del credo de Nicea, frente a doctrinas autóctonas como el priscilianismo, condenado precisamente en este concilio.

La asamblea se celebraría en alguna iglesia con amplitud suficiente, lo que es indicativo de la existencia de un cristianismo afianzado ya en tierras toledanas, que disfrutaba de infraestructuras eclesiásticas. Dan también fe de ello los sarcófagos paleocristianos del siglo IV hallados en las cercanías de la ciudad.

Los judíos se hacen presentes también en Toledo casi simultáneamente al cristianismo. Aunque hay autores que los sitúan en la Península después de la destrucción del segundo templo en el año 70, lo cierto es que en Toledo son escasos los testimonios de su presencia, salvo los arqueológicos, que nos muestran el hallazgo de una lucerna con la *menorah* fechada en el siglo IV. Ahora bien, es posible que su establecimiento pudiera retrotraerse algunos años. Los concilios señalados de los siglos IV y V hablan de la prohibición de matrimonios mixtos de cristianos y judíos, por lo que la convivencia debió de transcurrir desde un principio con dificultades entre ambas comunidades. También debieron de disponer de alguna sinagoga, pero de estas fechas tempranas no conocemos noticia alguna de ello.

Coronas y cruces visigodas de Guarrazar. Dibujo de Francisco Aznar, h. 1862, Madrid, R.A.B.A.S.F.

LOS VISIGODOS

La sociedad hispanorromana de Toledo experimentó a finales del siglo IV unas transformaciones influidas por el poder que el Imperio otorgó a la Iglesia, cuya jerarquía ocupó el centro de la transición del paganismo al cristianismo. Se trataba de modificar costumbres o cristianizarse, incluso alterando el propio perfil de la ciudad con la desaparición de los templos paganos y su transformación en edificios eclesiásticos. Se suprimieron los espectáculos violentos en el circo y los códigos legales se ajustaron a los libros sagrados.

Los toledanos aceptaron mayoritariamente la religión oficial del Imperio y los nuevos esquemas que introdujo el cristianismo, lo que hizo desaparecer los moldes sociales clásicos que aún persistían en el siglo IV. De todos modos, la cristianización encontró mayor resistencia en las zonas rurales y la vida urbana languideció en favor de los grandes latifundios.

Toledo permaneció al final del dominio romano como centro administrativo y económico de mayor relieve en el centro de la Península, lo que determinará su consideración de *urbs regia* en los primeros siglos de la Edad Media con la llegada de los pueblos germanos.

La Alta Edad Media se inició con un largo periodo de inmigraciones centroeuropeas y ocupaciones territoriales fronterizas al Imperio que constituyen un periodo complejo. A finales del siglo V, los pueblos germanos habían ocupado ya gran parte del Imperio romano occidental. La consecuencia de esta penetración, a veces violenta, fue la alteración y la confusión social. Se sucedieron enfrentamientos, mala administración y el menoscabo que sufrió la cultura romana. La desolación ocupó los espacios que habían estado llenos de vitalidad.

La aristocracia hispanorromana de Toledo se había retirado a sus posesiones o *fundus* en los campos y organizado la vida a su alrededor, origen del régimen señorial posterior. Sobre los obispos apenas han trascendido únicamente sus nombres, pero la vida comercial y social toledana, pese a la decadencia, permanecía activa.

Los godos llegaron a Hispania en el año 415 como aliados de Roma con el fin de combatir a otros pueblos. Más tarde, ya en el siglo VI, ocuparon masivamente la Península, particularmente después de la derrota de Alarico II en Vouille en el año 507.

Entre estos pueblos, los visigodos fueron los más romanizados, y a partir de la derrota sueva en Astorga en el 456, se establecieron en la antigua Hispania romana rompiendo el *foedus* que les ligaba al Imperio y creando un reino en la nueva Hispania visigoda, independiente de Roma. En el 467 Eurico ocupó Toledo.

En el año 507 desapareció el reino visigodo de Tolosa y sus habitantes emigraron y se asentaron definitivamente al sur de los Pirineos. Algunas estimaciones históricas afirman que pudieron entrar entre ochenta o cien mil inmigrantes a un territorio donde vivían unos cuatro millones de hispanorromanos. La superioridad cultural de éstos fue asimilando lentamente a los nuevos ocupantes.

Los germanos al principio mantuvieron su homogeneidad como pueblo bajo el cristianismo arriano, pero las legislaciones posteriores favorecieron la integración más tarde de los dos grupos con la unificación religiosa y del derecho común.

Atanagildo estableció la capital del reino visigodo en Toledo durante su reinado (554-567) al valorar su emplazamiento estratégico y geográfico. En esta ciudad fuertemente amurallada depositó su tesoro real y se organizó como el centro político y administrativo del reino visigodo español.

La corte toledana de Atanagildo fue conocida por su refinamiento en todos los órdenes, en contraste con otras del mismo origen racial.

En la segunda mitad del siglo VI reinó Liuva I, que tuvo que hacer frente a las rebeliones de los pequeños propietarios de origen hispanorromano frente a las confiscaciones en favor de los visigodos, y a los primeros enfrentamientos entre arrianos y católicos.

Le sucedió su hermano Leovigildo (572), quien puso las bases para la organización del nuevo Estado centralizado y unitario en el territorio de la antigua Hispania con capital en Toledo, embelleció la ciudad para dar prestigio a la monarquía, reforzó el poder real y trató de unificar los dos grupos confesionales bajo los esquemas arrianos, celebrando un concilio en Toledo (580) para este fin, sin obtener el resultado previsto,

Credo epigráfico. Museo de los Concilios

ya que los hispanorromanos católicos no aceptaron convertirse a la fe arriana minoritaria.

Hermenegildo se sublevó contra su padre Leovigildo pero es derrotado, confinado en Tarragona y decapitado.

Su hermano reinó en el año 584 y realizó una política inversa a la de su padre, ya que integró al grupo minoritario de arrianos en el mayoritario católico. Así, el propio rey, de confesión arriana, en el III Concilio de Toledo (589) se convirtió al catolicismo con toda su Corte, «*con todo su corazón, con toda el alma y sin reserva alguna*», y algunos obispos arrianos también. La basílica de Santa María (catedral) se consagró al culto católico en el año 587.

Con Recaredo se consiguió la unidad política y religiosa de la antigua Hispania romana, ya convertida en nación. No obstante, hubo de acudir a sofocar sublevaciones en el norte para devolver la paz y la calma al territorio.

Le sucedió en el trono de Toledo Liuva II (601), asesinado por Witerico, que intentó restablecer en Toledo el arrianismo. Murió este rey de manera violenta en el año 610 y su cadáver fue arrastrado por las calles de Toledo. Después de este penoso episodio, los nobles proclamaron rey a Gundamaro, muerto en la ciudad en el año 640, y le sucedió Sisebuto (612). Le siguieron Recaredo II, Sisenanado, Chintila, Tiulga y Chindasvinto (cuando contaba 79 años), que cedió la corona a su hijo Recesvinto, uno de los grandes reyes visigodos del reino de Toledo.

En su reinado se celebraron tres concilios en los que se establecieron normas para la administración del tesoro real, diferenciando la hacienda pública de la personal del monarca. La monarquía se sujetó a las leyes generales del reino y todas las cuestiones políticas se resolverían conforme a lo que marcaba la ley. Practicó una dura represión contra los judíos, al igual que lo hicieron sus predecesores. Publicó el *Liber Iudiciorum*, donde se estableció un derecho igualitario. Murió en Gerticos en el año 672. Una corona votiva de este rey fue encontrada en Guarrazar y se levantó en su honor la basílica de San Juan de Baños en Palencia.

Le sucedió Wamba, a pesar de su edad avanzada y de su renuncia inicial a ostentar la corona. Fue un rey enérgico que sometió a los vascones y apaciguó el reino de turbulencias sociales y revueltas. En su reinado, los musulmanes intentaron un primer desembarco que fue rechazado. También fortificó Toledo e impuso un servicio militar obligatorio en caso de peligro. Fue destronado mediante el engaño y se retiró al monasterio en Pampliega donde falleció.

Vino después Ervigio en el año 680, que había participado en el destronamiento del anterior. Durante su reinado se celebró el XII concilio toledano (681), en el cual se proclamó a la ciudad sede primada de España.

El siguiente rey fue Egica (687), quien convocó un concilio para tomar la bárbara medida de condenar a la esclavitud perpetua a los judíos y privarles de sus hijos, que deberían ser educados conforme a la fe cristiana. También vinculó su gobierno a su hijo Witiza en el año 698 para asegurarse la sucesión en su familia.

Witiza fue elegido y ungido rey en el año 700 en Toledo, como la mayoría de sus antecedores, y cogobernó con su padre hasta su fallecimiento en el 702. Su reinado es poco conocido, pero sabemos que suavizó las medidas drásticas de su padre y convocó el último concilio de Toledo. También pretendió asociar al trono a su hijo Agila, lo que desagradó a los nobles electores, ya que les privaba el derecho de elegir monarca. Se rodeó de consejeros indeseables, maleantes e inmorales que condicio-

Estatua del rey Sisenando en el paseo de Recaredo

naron su reinado, y se mostró indulgente con ellos, adquiriendo sus vicios y creando un gran descontento en el pueblo. Llegó a destituir al arzobispo metropolitano de Toledo, Sindaredo, y puso en su lugar a su hermano Oppas. A la muerte de Witiza en el año 710, sus partidarios intentaron dividir el reino entre sus tres hijos. El segundo de ellos, Agila, había estado gobernando la Narbonense y la Tarraconense, acuñando incluso su propia moneda.

La asamblea de notables electores consideró ilegal la partición y nombraron rey a Roderico (Don Rodrigo), nieto de Chindasvinto, pero los witizanos no aceptaron la elección y se sublevaron los de la Tarraconense con Agila a la cabeza, y los vascones.

El reino se sumergió en el desorden y la anarquía, las arcas quedaron exhaustas y el ejercito debilitado. La guerra civil era una posibilidad anunciada ante el panorama nacional degradante. Derrotado Agila, sus partidarios se vieron obligados a reconocer al monarca, quien para atraerlos les otorgó cargos en el ejército. Don Oppas, arzobispo intruso de Toledo, no se quedó atrás en conspirar con sus sobrinos contra Don Rodrigo, y entre ellos amasaron la idea de solicitar ayuda a los musulmanes, que en el año 708 habían tomado Tánger y se encontraban a las puertas de la Península.

El siniestro arzobispo Don Oppas, a través del conde Don Julián, señor de Mauritania, un bereber cristianizado al servicio de la monarquía visigoda, organizó con los musulmanes una estrategia para derrocar al monarca con la ceguera propia del odio, los deseos desmesurados de poder y la búsqueda de las riquezas que poseía la Corona. Solicitó la colaboración de los musulmanes para esta misión como mercenarios, y así fue como, al amparo de una conspiración, penetraron al mando de Tarik en la Península a bordo de cuatro navíos proporcionados por el propio Don Julián. Desembarcaron en Tarifa y realizaron una incursión de saqueo, regresando con un rico botín, lo que estimuló a Musa para organizar una invasión con mayor número de efectivos.

Cuando en el año 711 Don Rodrigo se encontraba combatiendo a los vascones, se produjo el desembarco de siete mil bereberes al mando de oficiales árabes que cruzaron el Estrecho y desembarcaron en Gibraltar. El duque de la Bética salió a su encuentro pero fue derrotado. El monarca se presentó en Córdoba y reunió un poderoso ejército que hizo retirarse a los bereberes, pero organizaron un nuevo ejército y presentaron batalla cerca del río Guadalete en la que desertaron los witizanos para colocarse dal lado del ejército invasor. Así fue derrotado el último monarca visigodo y así desapareció el reino visigodo de Toledo.

Los hijos de Witiza reclamaron lo pactado con los musulmanes, que consistía en recuperar la herencia y la corona de su padre y la inmediata entrega del reino. Semejante falacia nunca sucedió.

Don Julián recomendó a Tarik dirigirse con el grueso del ejército a Toledo, la *urbs regia*, capital del reino y símbolo del poder visigodo.

Imposición de la casulla a San Ildefonso

Los witizanos de las ciudades, deseosos de recibir prebendas, abrieron el camino a los musulmanes, que sumaban partidarios con los descontentos del régimen visigodo, y facilitaron la invasión.

En el reino, conocedores del avance de los musulmanes y de la búsqueda de botín, unos escondieron una parte de sus tesoros y otros huyeron al norte.

La ciudad de Toledo, ya sin la protección del ejército, a la llegada de las tropas africanas firmó una capitulación para evitar una resistencia que agravaría la situación de sus habitantes. Los judíos, por su parte, se sumaron a los agraviados por los visigodos y abrieron las puertas a los musulmanes, que entraron el 11 de noviembre del año 711.

Dentro les esperaban los witizanos, quienes habían reunido a un grupo de partidarios y notables que no habían huido y nombraron rey a Agila, pero Tarik ben Ziyad no reconoció a esta asamblea y proclamó la soberanía del califa en la capital del reino. Este mismo acto lo repitió Musa ben Nusayr a su llegada a la ciudad y los hijos de Witiza fueron apartados de cualquier posibilidad de recuperar el trono que ambicionaban, siendo la causa de la pérdida de España. Les exigieron, además, la renuncia al trono que pretendían usurpar con la ayuda extranjera, de manera que aceptaron los hechos y se convirtieron en los principales colaboracionistas, denunciando a los partidarios de Don Rodrigo. Por su parte, el obispo Don Opas se posesionó ilegalmente de la silla episcopal toledana aprovechando la huida de su titular a Roma.

Los hijos de Witiza fueron generosamente recompensados con territorios y poblaciones. Agila fijó su residencia en Toledo y sus hermanos en Sevilla y Córdoba, ciudad en la que también vivió Don Julián. Don Opas continuó luchando contra los cristianos huidos y buscando obsesivamente a partidarios de Don Rodrigo. De esta manera, por ambiciones personales, codicia, venganzas y otras razones espurias, esta familia consumó la traición y originó la decadencia y el fin de un reino que había definido a España como nación más o menos unida e independiente, gobernada desde la ciudad de Toledo.

La cultura visigoda estuvo influida en gran medida por la hispanorromana, a pesar del hundimiento de los modelos clásicos. La arquitectura y las artes menores, exceptuando la orfebrería, son una confirmación de este influjo, acompañado por otros más novedosos de Bizancio y el norte de África.

Los visigodos levantaron basílicas, iglesias y monasterios en Toledo, colonizaron las vegas del Tajo, palacios y sedes del gobierno en la Vega Baja, y realizaron obras públicas; organizaron jurídicamente el Estado y la Corona, en fin, todo nos habla de una cultura floreciente en Toledo en el siglo VII, pese a la situación política, siempre inestable, y de una Iglesia pujante vinculada al Estado.

Precisamente, uno de los acontecimientos más notables que se desarrollaron en la ciudad visigoda fueron los concilios. Estas asambleas eclesiásticas las convocaron regularmente los monarcas y la jerarquía católica para deliberar asuntos religiosos, legislar y discutir, en algunos de ellos, también temas civiles. Fueron concilios en su mayoría nacionales por reunir obispos de toda España. Algunos historiadores los definen como asambleas mixtas, mientras otros se inclinan por su carácter estrictamente religioso. Entre el año 397 y el 702 se celebraron dieciocho concilios y, salvo el primero, el resto son de la época visigoda. Se reunieron en diversas sedes eclesiásticas de la ciudad, como la basílica de Santa María, la de Santa Leocadia o en la iglesia pre.toriense de san Pedro y San Pablo, junto a los palacios reales de la Vega Baja.

Bajorrelieve visigodo

La Iglesia toledana desarrolló una liturgia nacional propia, con influencias occidentales, bizantinas y rasgos culturales hispánicos. Poco tiempo después del III Concilio de Toledo desapareció la liturgia arriana más orientalizada.

Con el paso del tiempo, en la liturgia mozárabe aparecieron variantes y alteraciones propias del aislamiento que los cristianos sufrieron desde el siglo VIII bajo el dominio musulmán, configurando un rito hispano, católico, que aún se conserva en Toledo.

La iglesia visigoda jugó un papel decisivo en el nacimiento de la Hispania visigoda, cimentando el reino de Toledo. Encontró apoyos en la Iglesia norteafricana, acogió a comunidades de monjes que huyeron de las persecuciones del imperio bizantino y aportó a la cultura escritores, poetas, historiadores, teólogos y santos de la importancia y la talla intelectual de los obispos Julián, Eugenio, Ildefonso, Eladio e Isidoro, o polemistas como Elipando y algunos reyes de cultura excepcional para legislar.

Con la ocupación musulmana, el patrimonio material en la ciudad visigoda fue sometido a una sistemática destrucción, utilizando sus restos para nuevas construcciones, donde se puede descubrir una parte pequeña de su riqueza artística. Huellas del pasado visigodo se encuentran dispersas por toda la ciudad. La basílica de Santa María, por ejemplo, fue convertida en la mezquita mayor, al igual que otras iglesias, excepto las mozárabes, cedidas al culto cristiano por las capitulaciones.

Las artes suntuarias fueron saqueadas, desapareciendo numerosas joyas de orfebrería repartidas como botín. Parte de ellas fueron enviadas al califa de Damasco.

Mezquita del Cristo de la Luz

TULAYTULA. EL DOMINIO MUSULMÁN

No cabe duda de que los árabes y bereberes que cruzaron el estrecho de Gibraltar el 711, lo hicieron como mercenarios a las órdenes de quienes pretendían derrocar al último rey visigodo, Don Rodrigo, con el ánimo de tomar el botín y después volver a su tierra. Por las exploraciones previas comprobaron el grado de descomposición de las estructuras políticas del Estado visigodo y la ausencia de un ejército fuerte capaz de frenar su expansionismo, como pudieron comprobar al concluir la batalla de Guadalete.

Los hispanos, después del natural desconcierto por una ocupación militar a la que se le ofrecía poca resistencia, muchos optaron por capitular o marcharse. Esta vez, el precio pagado por la intervención extranjera resultaba demasiado caro.

Interiorizaron la pérdida de su nación que caía por egoísmos particulares entre las facciones que provocaban revueltas y guerras civiles entre los aspirantes al trono electivo. Un clérigo mozárabe se lamentaba en el año 754 de la ruina de España, «antes deliciosa y ahora mísera», comparándola con las destrucciones de Troya, Babilonia o Jerusalén. Era esta crónica «la primera expresión literaria de un sentimiento nacional hispano por la caída del país en poder del islam». Pero este sentimiento animó a los españoles refugiados en las montañas del norte a recuperarla, y la idea la transmitieron al pueblo los juglares, las crónicas y las leyendas.

El pueblo hispano no fue obligado oficialmente a convertirse al islam, ya que no les interesaba que disminuyera una población que tributaba más por ser cristiana. Los conversos al islam estaban exentos de este impuesto y ello también atrajo nuevas conversiones. Las clases humildes, con un barniz religioso escaso, no tardaron en asumir la nueva religión.

Toledo consiguió mediante tratados de paz garantías personales y religiosas para sus habitantes y mantenerse en posesión de los bienes domésticos y propiedades rústicas que pudieron salvar del desastre, acomodándose a la difícil situación bajo el amparo de las cláusulas de los tratados. Esto suponía, naturalmente, la sumisión absoluta a las autoridades musulmanas a cambio de una cierta autonomía política y religiosa.

En el año 717 surgió el primer chispazo de resistencia a la ocupación entre los astures levantados por Pelayo, con lo que se desarrollaron pequeñas estructuras defensivas. Después de la derrota musulmana en la refriega de Covadonga (722), que ni los derrotados negaron, los visigodos refugiados al amparo de las montañas astures y cántabras se transformaron en gentes más combativas y tomaron conciencia de que aquello que habían protagonizado era el principio para recobrar el territorio ocupado. A muchos kilómetros de Toledo, y con añoranzas toledanas, nacía un proceso de recuperación territorial que iba a ser largo y lento.

Toledo fue considerado por los musulmanes como cabeza de uno de los cinco distritos en que fue dividido el territorio en el año 746.

La Iglesia toledana, por su parte, se encontró ante una desprotección política inusual que la devolvía a sus orígenes. Continuó la sucesión episcopal y los monasterios permanecieron activos.

En el 740, los bereberes sublevados contra los árabes pusieron cerco a Toledo y se enfrentaron a un ejército de sirios en una batalla cercana a la ciudad en la que fueron derrotados. Las guerras entre las facciones ocupantes continuaron en la España musulmana gobernada por emires dependientes de Damasco. Nuevos enfrentamientos promovidos por los partidarios de los Omeyas, al frente de los cuales estaba el último descendiente de esta dinastía, dieron paso a periodos de inestabilidad y a enfrentamientos entre Córdoba, donde se había proclamado el emirato independiente, y Toledo, que no lo aceptaba.

En el 763, los cordobeses con un gran ejército mandado por Hishan Ben Urwa sometió a los toledanos. Al abandonar las tropas la ciudad, los descendientes de los emires dependientes de Damasco consiguieron el poder y se mantuvieron durante unos años independientes del emirato cordobés.

Para edificar la mezquita de Córdoba, Abderramán I adquirió en el año 784 parte de la basílica visigoda de San Vicente, que hasta entonces habían compartido con los cristianos, lo que movió a otros musulmanes a imitarlo apoderándose de recintos cristianos.

Fue en esta época cuando arreciaron algunas persecuciones contra mozárabes y el motivo del exilio hacia el norte de España de muchos de ellos, que se llevaron las reliquias y los cuerpos de los santos a los territorios cristianos.

Azulejo con la inscripción Toledo. Talleres de José Aguado.

Permaneció Toledo siempre como ciudad conflictiva y levantisca frente al poder cordobés al que no reconocía e incluso desafiaba, a pesar de estar gobernada la ciudad por parientes próximos al emir. Estos mismos son los que a finales del siglo VIII organizaron varias incursiones en Córdoba, si bien fueron derrotados.

En el siglo IX, los mozárabes toledanos, sintiéndose agraviados, iniciaron una serie de revueltas junto con los de Mérida, Córdoba y Baleares, activas hasta que el califa cordobés decidió proclamar una amnistía en Toledo y enviar a su hijo Al Hakam en el año 791 como gobernador. Se consiguió así sofocar estos levantamientos rebeldes.

Hemos de destacar que al año siguiente nació en Toledo su hijo, el futuro emir Abderraman II, que inauguró en Córdoba un periodo floreciente en las ciencias, las artes, las letras, la agricultura y la industria. Este toledano, emir ilustrado amigo de la poesía, supo rodearse de una brillante corte de sabios.

En el año 797 encontramos de nuevo a los toledanos sublevados, con un cabecilla al frente llamado Ubayda y el poeta Girib, pero tras su derrota fueron ajusticiados.

Es famosa en Toledo la llamada Jornada del Foso. Está rodeada de historias y leyendas que se han trasmitido bajo la conocida frase de «*la noche toledana*». Su origen histórico se enmarca en una ciudad convulsa en la época de Al Hakan. «*Los toledanos eran gentes insubordinadas hacia los gobernadores, hasta un punto al que jamás llegaron vasallos de ningún otro país*» (Ibn al Quitiya). Para sofocar las revueltas, el emir hizo venir de Huesca a Amrús como gobernador. Con motivo de la presencia del hijo del emir en Toledo organizó como pretexto una recepción y una fiesta en su honor en su residencia, a la que asistirían los notables toledanos. El día asignado colocó a dos verdugos junto al foso que rodeaba el palacio y según iban llegando los invitados, eran degollados y arrojados dentro. La visión de este espectáculo nunca se le borraría a Abderramán mientras vivió, según sus biógrafos musulmanes.

Un renegado toledano llamado Hasin al Darrab, pariente de unos ejecutados, propició una partida de malhechores dedicados al asalto de caminos, alquerías y poblados bereberes, esto es, una suerte de protobandolerismo, que logró desestabilizar grandes zonas de Andalucía entre Córdoba y el Mediterráneo. Los toledanos siempre hicieron causa común con su bandolero, quien acudió en defensa de la ciudad cuando fue necesaria su presencia. Murió en un enfrentamiento con tropas del emir en el año 831 y fue considerado por sus paisanos como héroe de su ansiada independencia de Córdoba.

A la muerte de Amrús en el año 812, los toledanos volvieron a rebelarse. Los cordobeses, en respuesta, cercaron e incendiaron una parte de la ciudad. Años más tarde, Toledo acogió a un numeroso grupo de los intelectuales cordobeses sublevados contra el emir en la llamada «*rebelión del Arrabal*».

Y así continuó la historia de Toledo durante el siglo IX, sublevación tras sublevación, derrota tras derrota, resistencia tras resistencia, con un emir y otro.

Toledo proclamó su independencia del emir cordobés en el año 871, lo que generó nuevas represalias y el exilio de muchos mozárabes toledanos a los reinos cristianos del norte. Persistió la rebeldía con Abde-

Estatua de Alfonso VI junto a la muralla,
el rey que reconquistó Toledo el 25 de mayo de 1085.

rramán III, octavo emir independiente y primer califa hispano en el 929, quien decidió organizar un Estado centralizado y tomar medidas para acabar con núcleos insumisos como Toledo.

Durante el siglo X encontramos una ciudad sometida pero que no desaprovecha cualquier debilidad cordobesa para iniciar, sin resultado, alguna nueva conjura. Perdió su independencia pero eligió a cambio un periodo de pacificación en el que alcanzó un gran desarrollo económico.

En los albores del siglo XI es Córdoba, bajo el califa Hixen III, la que se vio inmersa en desordenes y anarquía, hecho que aprovecharon los reyes cristianos para tomar importantes ciudades de la Marca Media. Tras la deposición de Hixen III en 1031 y su huida a Toledo y Lérida, donde murió, desapareció el califato cordobés.

En Toledo, tras una sucesión de gobernadores y ante el vacío del poder califal, en 1036, una asamblea de notables decidió ofrecer la autoridad de la ciudad a Abderramán Al Nasir al Dwala, perteneciente a una de las tribus de bereberes que habían protagonizado la invasión en el siglo VIII y que a la sazón era señor de Santarém. Éste les envió a su hijo Ismail Abderramán Dil Num y fue proclamado primer rey independiente de Toledo, iniciando así la dinastía real de la taifa toledana. En poco tiempo llegó a constituir y organizar un reino y a consolidar su poder sobre la ciudad y un amplísimo territorio.

Era un hombre culto y prudente, conocedor de la cultura musulmana, poeta, que supo rodearse de un grupo de hombres sabios que le ayudaron en un gobierno de administración escrupulosa. Supo también acumular riqueza sin gravar a los toledanos con tributos excesivos. Nunca reconoció sobre él ninguna autoridad y falleció hacia el año 1043 dejando un reino organizado, próspero y unido.

Le sucedió su hijo Yahya ben Ismail ben Dil Num, conocido como Al Mamún, que se convirtió en uno de los reyes toledanos de mayor relevancia cultural y militar. En 1062 satisfizo parias al rey de Castilla.

Dotó a la ciudad de suntuosos palacios, obras públicas y centros de cultura donde se enseñaba botánica, historia, astronomía, teología coránica, medicina..., esto es, estudios precursores de la universidad. Financió también proyectos científicos, como las famosas clepsidras o relojes de agua, y se escribieron numerosos libros sobre diversas materias.

Azarquiel fue quizá el más famoso sabio de la corte en el mundo de las ciencias, autor de las *Tablas toledanas*, antecedente de las *Tablas alfonsíes*. Fue autor de varios tratados de astronomía y de otros relacio-

Baños árabes

nados con aparatos científicos de precisión como la azafea, que influyó en la orientación y navegación de la época.

La Iglesia toledana estaba gobernada por el arzobispo mozárabe Pascual, consagrado en León en 1058, viviendo en la ciudad hasta su fallecimiento. No tuvo sucesión episcopal por la inminente caída de la ciudad en manos cristianas.

En 1072 se exilió en Toledo Alfonso, futuro rey de Castilla, acogido por su amigo Al Mamún, que le cedió para su recreo la Huerta del Rey. Aprovechó su estancia en la ciudad para estudiar sus defensas y estudiar la posibilidad de recuperar Toledo.

Al Mamún mantuvo buenas relaciones con los reinos musulmanes y cristianos vecinos e inició una política expansionista islámica buscando la unidad perdida entre los pequeños reinos de taifas, lo que le llevó a ocupar Valencia y Córdoba. No tuvo descendencia directa en el gobierno, por lo que le sucedió en el trono toledano su nieto Al Qadir.

El nuevo monarca destacó en el campo de la cultura como un gran bibliófilo y buen orador, pero fue hombre débil en el gobierno. Dominado por los cortesanos, autorizó el asesinato del primer ministro, a quien Al Mamún había recomendado permanecer a su lado, con lo que volvieron los desórdenes a la ciudad y creció el descontento, por ello tuvo que solicitar la intervención de Alfonso VI, hecho que indignó más a los toledanos y creó un clima adverso contra él. Al Qadir se vio así sin protección y huyó de la ciudad con el tesoro real a Cuenca. El pueblo, entonces, ofreció el trono a Mutawakki, rey de Badajoz, que aceptó y entró en Toledo en 1080.

Al año siguiente abandonó el poder y de nuevo fue repuesto Al Qadir, que había negociado con Alfonso VI la entrega de la ciudad a cambio de la de Valencia, donde sería rey, aparte de que le ayudaría a conquistar Albarracín y Denia.

La situación de la ciudad era lamentable y estaba dividida en dos bandos, uno más proclive a su entrega al reino de Castilla, previa defensa honrosa para evitar el descrédito, y otro más radical que abogaba por la defensa a ultranza y sin concesiones.

Los alrededores de la ciudad fueron ocupados por tropas castellano-leonesas en 1081, y al año siguiente, un grupo de toledanos, ante el comportamiento indigno del rey, trataron de destronarlo con ayuda del rey castellano, sin conseguirlo. El malestar jugaba en favor del monarca cristiano. El cerco a la ciudad se estrechó y en 1084, Alfonso VI tomó la huerta del Rey y se inició el exilio de muchas familias principales de Toledo hacia las ciudades musulmanas del sur o a Marruecos, llevándose consigo el apellido Tulaytuli (el Toledano). Permaneció en la ciudad un núcleo de artesanos y agricultores.

El 6 de mayo de 1085, Al Qadir se rindió ante Alfonso VI en las cercanías de Toledo y marcha a Santaver, origen de su linaje, y de aquí a Valencia, donde después de reinar durante siete años con el apoyo del Cid murió asesinado por los suyos.

El 25, día de San Urbano, entró en Toledo el rey de Castilla y se posesionó del reino, que había sido independiente durante setenta y siete años. Así concluía el dominio musulmán de la ciudad.

El Toledo musulmán capituló, como lo había hecho el visigodo trescientos setenta y dos años antes. En las capitulaciones se acordó que la mezquita mayor se mantuviera bajo el culto islámico. Los musulmanes que permanecieran en la ciudad continuarían gobernándose por su propio derecho. Se les respetarían sus propiedades, tributando de igual manera

Inscripción musulmana en el brocal de un pozo

que lo hacían con Al Qadir a la corona de Castilla. Si deseaban marchar, lo podrían hacer libremente, incluso se les guardaría su propiedad durante un tiempo por si decidieran regresar. Al rey de Castilla pasaba la propiedad de los alcázares y palacios reales, la huerta del Rey y demás propiedades del monarca destronado. Para recuperar la economía de la ciudad por las grandes pérdidas de la guerra, el rey castellano entregó a la ciudad 100.000 dinares.

Toledo recuperaba así la condición de la «ciudad regia» de los monarcas visigodos, de cuya tradición se consideraban descendientes los reyes de la monarquía astur-leonesa y de cuyo linaje descendía Alfonso VI, incorporándose de nuevo a la cristiandad. A partir de esta fecha, los reyes de Castilla llevaron entre sus primeros títulos el de rey de Toledo, el propio Alfonso VI se intituló *Imperator Toletanus*.

Trescientos años de presencia musulmana en Toledo dejaron, evidentemente, una huella cultural que ha llegado hasta nuestros días y ha caracterizado algunas de las tradiciones toledanas como el mudejarismo o el mozarabismo. Sus manifestaciones administrativas y culturales estuvieron impregnadas por un fuerte sentido religioso. El islam en Toledo fue el vínculo que unió razas y culturas tan diferentes que aquí habitaron, por lo que su influencia social, junto con la mozárabe, estuvo muy presente en la historia de la ciudad. Su estructura urbana ha permanecido y se han conservado algunas mezquitas y edificios de este periodo como baños, alminares, recintos amurallados, zoco, huertas, incluso una parte de la gastronomía.

Interior de la puerta del Sol

# TOLEDO MEDIEVAL

La población que encontró Alfonso VI en Toledo se estructuraba según los diversos grupos étnicos y culturales. Por un lado, los descendientes de los árabes que habían llegado en el siglo VIII vinculados a la aristocracia islámica y que emigraron en su mayoría, por otro, los bereberes y muladíes descendientes de cristianos conversos al islam, la mayoría artesanos y dedicados a labores del campo. Toda esta población conformaba el grupo de población musulmana.

Otro sector toledano lo formaba la influyente comunidad mozárabe, descendiente, como se sabe, de los cristianos, que desde el siglo VIII habían quedado bajo el dominio musulmán vinculados a sus creencias cristianas y habían sido defensores de la autonomía de Toledo con respecto de Córdoba. Conservaron su estructura religiosa presidida por un obispo y formando un importante grupo de presión. Y la no menos importante aljama judía, con sus barrios, sinagogas, instituciones y comercios.

Otro grupo que aparece en Toledo junto a castellanos y leoneses son los francos, así denominados todos aquellos que procedían en general del otro lado de los Pirineos que habían acudido a participar en la aventura bélica en tierras españolas contra el islam y contribuyeron a la repoblación cristiana de Toledo. Algunos nobles francos estaban vinculados a la familia real de Castilla, ya que la reina era doña Constanza de Borgoña, y ellos también animaron a clérigos y civiles a acudir a la reconquista de territorios peninsulares donde encontrarían beneficios y prebendas. Así, en 1086, el abad benedictino de Sahagún, Bernardo de Agen, fue elegido arzobispo latino de Toledo como sucesor de los arzobispos mozárabes. Se rodeó de clero foráneo y facilitó a sus compatriotas instalarse en la ciudad.

Por su número y procedencia, Alfonso VI les dio un fuero particular y algunos privilegios relacionados con el comercio.

A estos grupos fueron incorporándose inmigrantes procedentes de las regiones que el ejército cristiano iba ocupando. Huían de las zonas conflictivas y belicosas, se acogieron a la fortaleza de los muros toledanos y colonizaron su alfoz.

El avance de la repoblación al sur del Tajo con nuevos colonos mozárabes y otros de distinta procedencia fue difícil y no permitió alejarse más allá de los Montes de Toledo, frontera física de facto, que alejaba el peligro de las mismas puertas de Toledo, aunque a veces no lo conseguía.

Todos estos grupos formaron una sociedad plural y abierta a la diversidad racial y cultural, que fue posible por la tolerancia política y religiosa de todos ellos y el respeto de sus fueros y costumbres. En este periodo nadie renunció a su lengua, aunque tenían en común la romance castellana, ni a su cultura, tanto en lo civil como en lo religioso. Vivían amparados por su legislación particular con la que el rey preservaba su identidad.

Ahora bien, la integración no estuvo exenta de problemas. Los grupos cristianos latinos (leoneses, castellanos y francos) no compartían ni comprendían las tradiciones respecto a la convivencia y tolerancia con judíos y musulmanes, lo mismo que los mozárabes. No obstante, tras el proceso lento de castellanización que se impuso en la sociedad toledana, se normalizó la tolerancia, con evidentes resistencias cuando se invadían espacios culturales y religiosos de los otros. Así, la mezquita aljama fue transformada en catedral en 1086 contra la voluntad real.

Los mozárabes, por su parte, tuvieron conflictos con la Iglesia latina, que trató de suprimir su rito imponiendo una reforma romana, apoyada por los arzobispos francos, que terminó en un pacto de respeto a las tradiciones mozárabes y la conservación de su rito e iglesias.

La ciudad se organizó en general con autonomía concejil y sus funcionarios tuvieron un alto reconocimiento de la Curia Real.

El reino de Toledo mantuvo su propia personalidad en lo nominal, integrado en la corona de León y Castilla, reconocido como una entidad territorial aunque no política, cuya cabeza estuvo siempre en el rey castellano. En Toledo no se conocieron oficios curiales de tradición castellano leonesa.

A partir de 1085 careció de estructuras independientes propias de un reino, y las que tuvo fueron las generales de Castilla, con las particularidades de los fueros toledanos, las libertades, exenciones que gozaban y la representación en las Cortes.

Ábside de la iglesia de Santiago del Arrabal, siglo XIII.
Catedral del arte mudéjar.

Fachada de la catedral

En el ánimo de Alfonso VI estuvo restablecer en Toledo su pasado de esplendor como ciudad regia al ser heredera directo del trono visigodo por herencia de sus antepasados leoneses y asturianos, quienes se consideraron continuadores históricos del reino visigodo toledano. Por ello adoptó el título de «*Imperator toletanus*» y «*Rey de las dos kábilas*». Aún así, las monedas acuñadas en su reinado tenían caracteres arábigos.

Toledo fuea reconocida como una de las principales ciudades de occidente, símbolo especial para los cristianos, pues no solo había sido capital del reino visigodo, sino que en ella residía el primado de la Iglesia española.

La toma de la ciudad alarmó al mundo musulmán, en especial a las taifas de Badajoz, Granada y Almería, que pidieron ayuda a los almorávides, gentes guerreras del sur de Marruecos organizadas bajo el rigorismo islámico. Cruzaron el estrecho al mando de Yusuf con el ánimo de reconquistar Toledo. En 1090 la atacaron y destruyeron parte de sus

La catedral reflejada en la fuente de Cristina Iglesias

murallas, saqueando también los campos de su alfoz, pero no consiguieron reducir a los toledanos. Tras algunos enfrentamientos con Alfonso VI, los cristianos, con la ayuda de los borgoñones, derrotaron a Yusuf en Aledo, de manera que los almorávides se retiraron pero volvieron de nuevo con el mismo objetivo. Y tras nuevos ataques infructuosos a la ciudad, los asaltantes comprendieron que la fortaleza de sus muros y la pericia de su caudillo Álvar Fáñez Minaya, convertían en una empresa difícil que Toledo volviera a manos musulmanas.

En 1109 murió Alfonso VI en Toledo sin descendencia masculina y fue sepultado en Sahagún. Le sucedió doña Urraca, primera mujer en ocupar el trono de Castilla y León.

Durante esta centuria, los toledanos estuvieron sometidos a numerosas *razzias* musulmanas que hicieron de su alfoz un territorio inestable y difícil de repoblar, sometido a la destrucción y muerte de los destacamentos musulmanes a los que hizo frente la milicia toledana. De

Puerta del Sol. Grabado de Genaro Pérez de Villaamil

este modo, los almorávides, acosados y derrotados en varios frentes, dejaron de ser una seria amenaza para Toledo después de la toma del castillo de Oreja por las tropas castellanas en 1139.

El descalabro musulmán bajó la tensión en los territorios cercanos a la ciudad y Alfonso VII, el nuevo rey de Castilla, pudo centrar sus esfuerzos en afianzar el territorio al sur del Tajo fortificando la frontera de los Montes de Toledo y penetrando en el valle del Guadiana, donde conquistó Calatrava en 1147, estableciendo así una estratégica plaza junto a este río.

En Toledo, el arzobispo Don Raimundo de Sauvetat, de procedencia gascona, organizó la diócesis. Su preocupación cultural por la traducción de los textos árabes procedentes de las bibliotecas taifas en busca de los conocimientos del mundo oriental, hizo que organizase un núcleo de monjes que hacia el año 1143 comenzó a traducir al latín o al romance los clásicos helenos, sirios, hebreos y musulmanes. Al grupo inicial de

Fachada extramuros del puente de San Martín

traductores se unieron otros intelectuales que se convirtieron en precursores de la Escuela de Traductores de Toledo, aumentando el prestigio de la ciudad, considerada ya como uno de los principales focos de la cultura occidental en este siglo.

Murió Alfonso VII en 1157 y fue enterrado en la mezquita catedral de Toledo. Le sucedió Sancho III, quien después de un breve reinado dejó por heredero a su hijo Alfonso, menor de edad. Se dispensaron su tutela algunas familias nobles, por lo que se entró en un periodo violento y anárquico entre dos familias poderosas de la ciudad: los Lara y los Castro, por controlar la tutela y el gobierno. Se produjeron entonces graves enfrentamientos en los que murió el conde Manrique de Lara, ayo del rey, por lo que pasó a ocuparse de su tutela el ambicioso Fernando II, rey de León. En Toledo se organizó una conspiración para acabar con el desgobierno del reino encabezada por Esteban Illán, quien, en colaboración con los tutores del niño, lo trasladaron a la ciudad, donde fue proclamado rey. Este acto se produjo, según la tradición, en la torre de San Román en 1166.

Una nueva invasión musulmana, protagonizada por tribus almohades, amenazaba la ciudad y paralizó las conquistas de Alfonso VIII, que tuvo que hacer frente a los invasores sin acierto en Alarcos (1195). La gran consecuencia de la derrota fue retroceder la frontera castellana, de nuevo, a los Montes de Toledo, que hubieron de reforzarse con nuevos castillos y torres. Mientras el rey recababa auxilios a los reyes cristianos de España, el arzobispo de Toledo, Rodrigo Jiménez de Rada, conseguía del Papa la consideración de esta guerra como una verdadera cruzada.

En Toledo se citaron los reyes cristianos de la península con sus ejércitos, a los que se le unió la nobleza castellana, las órdenes militares y las milicias concejiles de varias ciudades y poblaciones del reino de Toledo. Este numeroso ejército se puso en marcha hacia el paso de Despeñaperros. Las tropas francesas desertaron y volvieron a Toledo con el ánimo de saquear la judería, pero fueron rechazados por la guarnición toledana que les impidió entrar en la ciudad.

El enfrentamiento de las tropas cristianas contra los almohades supuso la derrota y el aniquilamiento de las tropas musulmanas en las Navas de Tolosa (1212). Pero, a pesar de ello, no faltaron a lo largo de los años posteriores las escaramuzas y los encuentros con los musulmanes. En 1214 atacaron el castillo del Milagro y algunas poblaciones de los Montes de Toledo. Desde este momento, las algaradas fueron distanciándose con la intervención de las órdenes militares en la defensa de la frontera sur (en Sierra Morena, con vistas ya al valle del Guadalquivir), y Toledo pudo disfrutar de un periodo de tranquilidad y prosperidad.

El rey Fernando III y el arzobispo Jiménez de Rada colocaron la primera piedra de la catedral toledana en 1226. Años más tarde, en 1243, el rey adquirió del arzobispo, mediante un trueque, el territorio de los Montes de Toledo, desde donde controlaba los pasos a los valles del Guadiana y el camino de Córdoba, además de proporcionar materias primas de consumo básico para los toledanos. El 4 de enero de 1246, el monarca vendió este territorio a la ciudad por 45.000 moravetinos alfonsíes de oro, y desde aquí partió para la conquista de Sevilla en agosto del año siguiente.

En 1221 nació en Toledo Alfonso X, coronado rey en 1254 en Sevilla, y pasó a la historia con el sobrenombre de «el Sabio». Uno de los grandes logros de su reinado fue la labor legislativa que introdujo en España. Bajo su impulso se organizó el mayor corpus de estudios jurídicos, sobresaliendo la introducción del Derecho Romano, el Fuero Real y las *Partidas*, entre otros. Impulsó también los vínculos culturales entre orien-

Vísta nocturna de una típica calle toledana

te y occidente, en los que participaban las culturas árabes, judías y cristianas, cuya máxima expresión fue la Escuela de Traductores de Toledo. Escribió, además, obras históricas, literarias y científicas. En su faceta administrativa, reconoció al Concejo de la Mesta y potenció el sistema aduanero y de la Hacienda del Estado. Y en su afán guerrero, incorporó Murcia a la corona de Castilla y entregó el Algarve a los portugueses mediante tratados y usufructos.

Los últimos años de su reinado tuvo que vivir las disputas de sus hijos sobre la sucesión y la marginación a la que le sometió su hijo Sancho, su heredero. Durante su reinado, Toledo recibió privilegios y beneficios. Él promovió la construcción de iglesias y protegió la instalación de conventos y espacios científicos. Murió este rey sabio y toledano en Sevilla en 1284.

Sancho IV se coronó en Toledo junto a su esposa la reina doña María de Molina y confirmó los fueros y privilegios a la ciudad, concediendo exenciones económicas y creando mercados francos. Fue uno de los monarcas que en más estima tuvo a Toledo, murió aquí en 1295 y fue sepultado en la catedral.

Su hijo Fernando IV fue proclamado rey también en Toledo. Favoreció a la ciudad fiscalmente y a la catedral con importantes donaciones y apoyó a las hermandades viejas de Toledo, Talavera y Ciudad Real en su lucha contra los golfines, bandoleros de los Montes de Toledo, hasta eliminarlos. Murió en 1312.

Le sucedió su hijo Alfonso XI, uno de los grandes reyes castellanos, quien, como sus antecesores, confirmó los privilegios de la ciudad y fue defensor de las preeminencias toledanas frente a Burgos. Fue un prudente legislador, duro en el combate y gran cazador, autor del *Libro de Montería*. Apasionado amante de la hermosa e inteligente dama sevillana Leonor de Guzmán, a que conoció en 1330, con la que tuvo diez hijos. Durante su reinado, Toledo aún mantuvo su hegemonía política. Murió en Gibraltar a los 33 años de peste negra.

Y entonces se dio paso a uno de los periodos más turbulentos de la historia de Castilla y de Toledo, protagonizado por su hijo y sucesor Pedro I y sus hermanastros.

Pedro contrajo matrimonio por razón de Estado con la hermana de la reina de Francia, doña Blanca de Borbón, a quien encarceló en el alcázar toledano a los dos días de la boda para acudir a los brazos de su amante doña María de Padilla, a la sazón en Torrijos. En torno a ella se creó un estado de opinión favorable en Toledo y nacieron dos partidos, uno

Puerta del Valmardón

agrupaba a los partidarios del rey y el otro estaba capitaneado por don Fadrique, su hermanastro, al que pronto se asociaron muchos caballeros de Toledo y otras ciudades. Don Fadrique saqueó la casa de Samuel Ha Leví, tesorero de Don Pedro, se apoderó de sus riquezas e intentó asaltar la judería, que permaneció fiel al rey, quien pronto acudió a socorrerla. Durante su estancia en Toledo mandó decapitar a cuantos se mostraron partidarios de su hermanastro y de doña Blanca. El arzobispo fue desterrado a Portugal estableciéndose un clima de terror.

Pero los hermanastros del rey habían conseguido atraerse ya a toda la nobleza escarnecida, creando una fuerza que combatió al rey. Se inició así una guerra civil con tintes internacionales por acudir a luchar en el bando de los Trastámara tropas del rey de Francia, cuñado de doña Blanca. Con estos refuerzos, Enrique de Trastámara se hizo proclamar rey de manera ilegítima en Calahorra. Tras algunos enfrentamientos, Pedro volvió victorioso a Toledo e hizo ejecutar a los partidarios de su hermanastro.

Enrique, en ausencia de Don Pedro, es proclamado rey en Toledo junto a la torre de los Abades, cuando sitiaba la ciudad. Regresaba Don Pedro a levantar el cerco toledano cuando le salieron al paso las tropas de su hermanastro en Montiel, donde fue derrotado y hubo de refugiarse en el castillo. Durante las negociaciones para levantar el cerco, el 23 de marzo de 1369, Don Pedro acudió a la tienda de su hermanastro, se produjo un enfrentamiento y fue asesinado.

Enrique se instaló como rey de Castilla en Toledo, donde falleció años más tarde y fue sepultado en la catedral. Le sucedió Juan I que fue derrotado por los portugueses en Ajubarrota al aspirar a la corona de Portugal. A su muerte fue proclamado heredero Enrique III, menor de edad, lo que provocó una regencia convulsa con enfrentamientos entre las grandes familias toledanas de los Silva y los Ayala.

En estas fechas se produjeron gravísimos pogromos en las juderías, asaltadas con el respaldo de algún clérigo fanático, lo que ocasionó una gran mortandad entre la población hebrea. Se destruyeron algunas sinagogas y otras se consagraron al culto católico como la de Santa María la Blanca. Muchos judíos se bautizaron por miedo y pasaron a incrementar la población conversa. Con estos actos de violencia antisemita se rompió la tolerancia paradigmática de varios siglos entre las culturas que aparentemente convivían en paz en la ciudad.

Por estas fechas, los mozárabes también dejaron de escribir y expresarse en árabe, perdiendo su influencia en la ciudad en favor de la castellanización.

Por su parte, la Iglesia católica toledana se unió al cisma de occidente al reconocer como Papa a Benedicto XIII, el llamado Papa Luna, a quien la historiografía moderna considera legítimo, y consagró como arzobispo a Pedro de Luna (1403-1414).

Falleció Enrique III en Toledo en 1406, siendo enterrado en la catedral, y le sucedió Juan II. Durante su reinado Toledo sufrió los vaivenes provocados por la nobleza levantisca contra del rey. Trató de corregir el mal gobierno de la ciudad dictando un ordenamiento que dividía por la mitad los cargos del ayuntamiento. Los regidores perpetuos se elegirían a medias entre el estado de caballeros y los jurados elegidos por parroquias, sumando dos alcaldes y un alguacil mayor.

Continuaron bajo este monarca los enfrentamientos y las agitaciones nobiliarias de las que no se ve exenta Toledo. En especial se centran contra Don Álvaro de Luna, al intentar cargar con impuestos especiales a los vecinos de Toledo, de los que estaban exentos, lo que hizo que el pueblo se sublevara. Ocurrieron entonces gravísimos episodios capitaneados por el célebre Pedro Sarmiento, usurpador del poder municipal, que trató a los judíos y conversos con gran saña, instituyendo en la ciudad el famoso Estatuto de Limpieza, que impedía acceder a los cargos públicos civiles y eclesiásticos a todo descendiente de judíos, aun siendo cristianos. Incluso se atrevió a poner condiciones al rey cuando se apresuró a restaurar el orden en la ciudad. Más tarde, Sarmiento huyó con todos los bienes robados a los toledanos, aunque al parecer no los pudo disfrutar.

Castillo de San Servando

Juan II murió en 1454. Con el nuevo rey, Enrique IV, la alta nobleza intentó domeñar la autoridad real y volvieron las turbulencias sociales. Los enfrentamientos entre cristianos viejos, judíos y conversos provocó un éxodo de ilustres miembros de esta comunidad. El rey, con ánimo pacificador, repuso en sus cargos a los conversos y a quienes les protegían, lo que molestó al pueblo, que provocó la deposición del alcalde y su expulsión de la ciudad. De nuevo tuvo que intervenir el rey frente a la posición de rebeldía ante la autoridad.

También este monarca se comportó con generosidad hacia los toledanos, a los que otorgó privilegios, como celebrar semanalmente un mercado franco, libre de impuestos, todos los martes.

En 1467, el Consistorio se puso al lado del pretendiente Alfonso, quien llegó a prestar juramento como sucesor de su hermano en la catedral.

Este mismo año, a causa de las revueltas que inquietaron a la ciudad, se produjo un gran incendio que destruyó gran parte de los barrios de la Magdalena y Santa Justa.

Al año siguiente, Toledo recibió de Enrique IV el título de «muy noble y muy leal ciudad». Murió el rey en 1474, dejando el reino dividido entre los partidarios de su hermana Isabel y su hija Juana.

EDAD MODERNA

Toledo tomó partido por princesa Isabel, proclamada reina de Castilla en Segovia en 1474, siguiendo el tratado de los Toros de Guisando.

Contrajo matrimonio con Fernando de Aragón de manera clandestina en Valladolid en 1469, con la oposición del Papa y del rey, su hermanastro. El matrimonio no podía realizarse por la consanguineidad de los contrayentes, ya que ambos eran nietos de Juan I y Leonor de Aragón. Pero dos años después, la llamada Bula de Simancas lo reconocía como legítimo.

De nuevo el reino se dividió entre los partidarios de Isabel y de su sobrina Juana, apoyada por el rey de Portugal y el arzobispo de Toledo y jurada en las Cortes. Esta división provocó una guerra civil que duró tres años y acabó con la derrota de las tropas castellano-portuguesas en la batalla de Toro (1479), que aseguraba en el trono a Isabel. Para conmemorar esta victoria se levantó en Toledo el monasterio de San Juan de los Reyes, joya del último gótico castellano.

Algunos pueblos y ciudades como Talavera de la Reina, Alcalá, Puente del arzobispo, Canales o Brihuega, entre otras, permanecieron algún tiempo fieles a Juana, desterrada en Portugal, donde murió.

A partir de aquí se firmaron concordias con los concejos y paces con Portugal y se inició un periodo de transformación y desarrollo para España con la unión de los dos reinos bajo el lema de «Tanto monta».

Isabel llevó a Castilla al más alto grado de prestigio de la historia. En este reinado se descubrió el Nuevo Mundo y se dictaron las primeras leyes en favor de los indígenas, se conquistó Granada, el último territorio musulmán en España y se expulsó a los judíos. Con Portugal se firmó el tratado de Tordesillas por el que se repartián prácticamente la tierra conocida. Nació también la Santa Hermandad, a imagen de las hermandades viejas de Toledo, Talavera y Ciudad Real. Se desarrolló el comercio, la industria y las artes, y se extienden por el Mediterráneo los territorios

Puerta de Bisagra

Portada del Museo de Santa Cruz. Grabado de G. Pérez de Villaamil

bajo la corona de Aragón, cuyo monarca recibió del Papa Alejandro VI el título de Católico, que lo usó también Isabel.

Los Reyes Católicos visitaron y residieron en Toledo con frecuencia, incluso valoraron sepultarse en la ciudad como sus antepasados. Reformaron la gobernación de la ciudad, donde llegaron a celebrarse Cortes que supusieron un importante hito en la historia política de Castilla y de España, pues marcaban el final de la Edad Media y el advenimiento de nuevas instituciones del Estado moderno, de acorde con las tendencias imperantes del Renacimiento, que asentaban en ellas la nacionalidad española.

Se fundó en la ciudad el colegio de Santa Catalina, precedente de la Universidad, se levantaron hospitales y conventos, se cuidó de la higiene pública empedrando las calles, se introdujeron numerosas reformas urbanísticas y se fomentó el comercio.

En 1485 se instaló en Toledo el Tribunal de la Inquisición y tuvieron lugar con triste frecuencia por sus calles y plazas los autos de fe contra los judeoconversos. Miles de ellos fueron juzgados y humillados por la ciudad con sambenitos, en el mejor de los casos, y otros con menos suerte y fieles a sus creencias murieron en la hoguera instalada en la Vega Baja junto a las ruinas del circo romano.

El 6 de noviembre de 1479 nació en Toledo la futura reina Juana de Castilla, tercera hija de los Reyes católicos, donde se la juró como heredera en 1502. Al año siguiente, la reina Isabel firmó en Toledo las capitulaciones matrimoniales de su hija Catalina con Eduardo VIII de Inglaterra.

En 1495 murió el cardenal Mendoza y fue nombrado a fray Francisco Jiménez de Cisneros sucesor en la sede toledana.

En el año 1500 se imprimió en Toledo una edición completa de *La Celestina* y nació el poeta Garcilaso de la Vega.

Isabel murió en 1504 en Medina del Campo, dejando como heredera a su hija Juana y a sus nietos Carlos, Fernando, Leonor e Isabel. Establecía en su testamento que ningún extranjero ocupase oficios en la Corona de Castilla, y que sólo el rey Fernando administraría el reino en el caso de que su hija Juana no estuviera capacitada para reinar hasta que su nieto Carlos cumpliera los 20 años.

A la muerte de Isabel, el reino cayó en una profunda crisis por la incapacidad de la reina Juana, lo que favoreció las ambiciones nobiliarias. Unos apoyaron a Fernando de Aragón y otros a Felipe de Austria, su esposo, pero éste sólo podía reinar si las Cortes declaraban la incompetencia de la reina. Reunidas en Valladolid, las ciudades sospecharon una conjura política entre el esposo y el suegro contra la reina y se negaron a ello, por lo que únicamente reconocieron a Felipe como gobernador del reino, quien antepuso la política europea a la de España. De este modo, nombró en Castilla funcionarios flamencos para administrar los impuestos a fin de sufragar aventuras imperiales. Falleció Felipe *el Hermoso* prematuramente en septiembre de 1506 y quedó como regente el cardenal Cisneros, un hombre enérgico que reprendió con mano dura las revueltas nobiliarias. Era celoso de su autoridad, la cual ejerció incluso contra los flamencos, velando por el testamento de Isabel y la independencia del reino. En su regencia se conquistó Oran y se rehabilitó el oficio mozárabe.

A su muerte, el joven monarca Carlos designó para ocupar la vacante como nuevo arzobispo y cardenal de Toledo (1517) a Guillermo de Croy, sobrino del señor de Chièvres, su valido flamenco. El nuevo prelado, que contaba a la sazón con diecinueve años y fue también obispo de Coria y de Cambray, nunca pisó Toledo, ni Coria, ni España, aunque sí cobró las cuantiosas rentas del arzobispado bajo la gobernación de otros

colaboradores eclesiásticos. Murió en Worms en el transcurso de una ca-
cería a los 23 años.

Las Cortes de Valladolid protestaron por este nombramiento y exigieron
a al rey que el nuevo arzobispo residiera en su sede, pero Carlos ignoró
la petición al considerarla un ultraje castellano. Este episodio fue uno
de los numerosos detonantes de las Comunidades.

Tampoco Carlos I había venido a Toledo, la primera ciudad de Castilla,
y antepuso los títulos extranjeros a los españoles, mostrando un talante
autoritario y despectivo por las instituciones castellanas.

Esta y otras acciones despóticas le iban distanciando del pueblo,
donde aumentaban las quejas contra las autoridades extranjeras im-
puestas. Los toledanos decidieron entonces visitarlo para darle cuenta
de la situación de malestar del reino por los agravios que recibía de los
flamencos. Pero ni el rey ni nadie de la Corte los recibió.

LA CIUDAD DE TOLEDO

A

JUAN DE PADILLA

2015

Homenaje de la ciudad de Toledo a Juan de Padilla

COMUNIDADES DE CASTILLA

Vista la pasividad de Carlos ante los daños que recibía Castilla, el Ayuntamiento de Toledo dirigió en 1519 una carta a las ciudades castellanas para reunirse y debatir soluciones. La reacción del monarca fue la de prohibir a Toledo en 1520 que se reuniera con el resto de ciudades del reino. El Ayuntamiento rechazó la prohibición a propuesta de Juan de Padilla y Hernando de Ávalos y se mantuvo en su opinión original.

Tras las medidas autoritarias de Carlos con los toledanos continuaron las protestas contra las imposiciones extranjeras que trataban de limitar las libertades y los derechos de las ciudades castellanas. Ello fue interpretado como un agravio feudal que pretendía aislar al monarca de sus vasallos.

Los toledanos no se oponían al rey sino a su forma de gobierno, a sus consejeros flamencos y a los colaboracionistas españoles.

A la vuelta de los procuradores toledanos que habían participado en las Cortes reunidas en Santiago (1520) y expuesto sus quejas, la ciudad se declaró en rebeldía y se creó un sentimiento de rechazo hacia los flamencos en toda la población por los abusos cometidos.

Castilla no quiso convertirse en un mero apéndice del Imperio de Maximiliano y su familia y rechazó su integración. El rey, ante el estado de los acontecimientos, decidió convocar a los regidores toledanos, pero las requisitorias fueron contestadas con artimañas para no acudir a la entrevista. Toledo estaba decidida a llevar la protesta hasta sus últimas consecuencias. Interesante es destacar que desde los primeros momentos, la Iglesia toledana apoyó la iniciativa e incitó al pueblo desde los púlpitos a posicionarse con su Ayuntamiento.

En 1520, tras una revuelta popular, se tomaron el Alcázar, los puentes y las murallas, y se constituyó el primer poder insurrecto por libre elección. El Corregidor huyó de Toledo y se estableció una junta comunera. Lo mismo ocurrió en otras ciudades, coordinadas todas por la Santa Junta del Reino o Junta de Comunidades, reunida en Ávila.

El año siguiente, tras duros enfrentamientos y algunas deserciones en el bando comunero, los imperiales derrotaron en Villalar al ejército de la Comunidad, y sus jefes: Padilla, Bravo y Maldonado, fueron ejecutados.

En Toledo, la viuda de Juan Padilla se aprestó a resistir y a mantener la rebelión. Tras nuevas derrotas comuneras en Olías y en las cercanías del monasterio de la Sisla, donde perdieron cientos de vidas los subleva-dos, la ciudad capitulaba el 25 de octubre de 1521. Al año siguiente, tras un nuevo brote comunero, el 2 de febrero, María Pacheco abandonó clandestinamente la ciudad y buscó refugio en Portugal.

Carlos I, desde Valladolid, dictó un perdón general a todos los to-ledanos, exceptuando a veinte destacados comuneros, ente ellos a la viuda de Padilla, que fue condenada a muerte en 1524 y que murió en el exilio portugués en 1531. La casa de Juan de Padilla fue derribada y convertida en un solar donde se colocó un poste infamante contra él. Con doña María desapareció el último símbolo de las libertades castellanas. «*Todo acabó en la nación cuando nuestra ciudad fue reducida al silencio. Fueron necesarios repetidos laureles para ocultar la vergüenza de Vi-llalar*» (Martín Gamero, 1862).

EL TOLEDO DE LOS AUSTRIAS

Una vez pacificada la ciudad después del perdón colectivo, Carlos I hizo su primera entrada en Toledo el 27 de abril de 1525.

Aún permanecían en Toledo los rescoldos de la Comunidad. Sus procuradores en las Cortes de Valladolid habían pretendido mantener algunos principios, como el de la superioridad de las Cortes sobre el rey, pero era un intento vano en una Europa donde las corrientes de las monarquías absolutas se imponían como forma habitual de gobierno.

Nunca Carlos olvidó a los comuneros, y en este sentido podemos entender algunas de las claves de su interés por Toledo y de su presencia en la ciudad donde residiría con frecuencia.

Toledo se fue reformando con la presencia del Emperador. Aparecieron nuevas costumbres al gusto borgoñón, se intensificaron las mejoras urbanas e se iniciaron las obras del soberbio palacio real sobre los alcáceres medievales, encargado a Alonso de Covarrubias.

Después de la batalla de Pavía (1525), en la que fue derrotado y hecho prisionero el rey de Francia, volvió Carlos a Toledo y convirtió a la ciudad en el centro político y diplomático de sus extensos territorios distribuidos por Europa, América y África.

Todo el gran mundo de la época se dio cita en la ciudad. Los conquistadores del Nuevo Mundo fueron recibidos para dar cuenta de sus hazañas y aquí fijaron su residencia las reinas viudas Leonor de Portugal y Germana de Aragón, los duques de Borbón y Calabria, el hijo del rey de Navarra Enrique Lebrit, el Maestre de Rodas, el virrey de Nápoles, el nuncio del Papa y otros grandes títulos de Castilla. Gracias a ello aumentó la actividad comercial.

En ausencia del Emperador, mantenía la regencia su esposa Isabel de Portugal y el arzobispo. Ella falleció de parto en el palacio de Fuensalida en 1539.

Se volvieron a celebrar Cortes en Toledo y en 1546 se estableció en

Toledo la banca Bul, primera en la ciudad, y tomó posesión el nuevo arzobispo Juan Martínez Silíceo, que favoreció a la ciudad con fundaciones docentes y sociales. Alguna aún perdura. Fue un eminente eclesiástico, aunque como cristiano viejo obsesionado con la limpieza de sangre.

Con el corregidor Gutiérrez Tello se proyectaron numerosas obras que modificaron el aspecto medieval de la ciudad para acercarse a los modelos renacentistas.

En 1556, Toledo proclamó rey a Felipe II al haberle concedido el Emperador, su padre, la gobernación del reino. Carlos V se retiró a Yuste. Cuatro años después Toledo juró al infante Don Carlos como heredero.

En esta segunda mitad del siglo XVI continuó la Corte en Toledo, donde vivían más de cincuenta mil personas, pero las incomodidades urbanas habían provocado el deseo de salir de la ciudad de una parte de sus habitantes.

La reina Isabel de Valois también se sentía incómoda en el antiguo Alcázar, y quizá por la difícil convivencia de las dos máximas autoridades del Estado, el rey y el arzobispo, el día 19 de mayo de 1561 se marchó la Corte a Madrid. De este modo, las instituciones de gobierno y la residencia real desaparecieron de Toledo sin que mediara documento alguno. En ella permaneció, sin embargo, la sede primada de la iglesia española. A pesar del traslado, Felipe II no se desentendió de la ciudad a la que visitó con frecuencia.

En Toledo también continuó residiendo gran parte de la nobleza y una numerosa burguesía urbana, que mantuvo una apreciable actividad comercial, aunque se inició el declive. La intelectualidad se agrupó en torno a la Universidad, donde se establecieron hasta veintidós cátedras en las que sobresalieron ilustres maestros y alumnos. La Iglesia fundó paralelamente colegios y nuevas cátedras en los grandes conventos. No

desaparecieron, pues, los valores culturales de la ciudad, es más, el castellano que se hablaba aquí era considerado como modelo legal de la lengua hablada y escrita.

Este mismo año de 1561, Juanelo Turriano recibió el encargo de construir el famoso artificio que subiría el agua hasta el Alcázar desde el Tajo. Siguiendo la política de transformación de la ciudad, también se reconstruyeron y embellecieron las puertas del Cambrón en 1571 y la de Bisagra, cuyas obras concluyeron en 1576. Felipe II legó a Toledo la fachada norte de esta puerta, construida a modo de arco de triunfo, donde se esculpieron las armas reales de Castilla sobre un águila bicéfala, acompañada por las armas primitivas de la ciudad en los dos cubos laterales.

Por estas fechas también se diseñó el paseo del Miradero y se estableció el Greco en Toledo (1576).

Es igualmente reseñable el proyecto de navegación del río Tajo para comunicar Toledo con Lisboa (1581), diseñado por Antonelli. Llegaron a iniciarse las obras de dragado del río, la construcción de exclusas, el ensanche del cauce y la apertura de caminos paralelos, pero al final, los numerosos conflictos surgidos con el paso de las primeras embarcaciones hicieron fracasar el proyecto. Los pequeños intereses tuvieron mayor peso que las grandes ideas.

En 1585, Felipe II ordenó a su arquitecto Juan de Herrera que diseñara una nueva plaza en Zocodover.

En este siglo contaba Toledo con veintiséis hospitales distribuidos en once parroquias, donde se disponían de 762 camas sostenidas por cofradías y fundaciones pías. Sólo entre los grandes hospitales de Santa Cruz, Tavera y San Lázaro se reunían unas doscientas plazas hospitalarias.

LOS AUSTRIAS MENORES

La decadencia de Toledo va unida a la de España. La hegemonía declinó en favor de Francia dada la incapacidad de los monarcas gobernantes. Aquí el poder fue ejercido por validos o primeros ministros corruptos e ineptos en su mayor parte que gobernaron en nombre del rey durante la España del Siglo de Oro.

Con la marcha de la Corte a Madrid se inició una crisis comercial en Toledo que se acentuó durante el reinado de Felipe III. Poco a poco se produjo un trasvase de vecinos a Madrid con sus familias y negocios. Muchos se marcharon en busca de prebendas, hasta tal punto que se intentó inútilmente prohibir el establecimiento de toledanos en Madrid.

La despoblación continuó, y no sólo por la atracción de Madrid sino por el escaso incremento demográfico y la expulsión de la población morisca, que se cifraba en varios miles de familias. La población descendió a 25.000 habitantes, lo que suponía la perdida de la mitad de su censo.

Por otro lado, se concluyeron a finales del siglo XVII las Casas Consistoriales, proyectadas por Herrera y concluidas por Jorge Manuel Theotocopuli.

En este siglo continuaron siendo famosas y cotizadas nuestras telas y manufacturas de sedas. Por lo demás, las espadas eran las más valoradas de España y de Europa.

Culturalmente, el Siglo de Oro se hace presente en Toledo de la mano de Cervantes, Lope de Vega, Juan de Mariana, Calderón de la Barca, Rojas Zorrilla, Tirso de Molina, Agustín Moreto, Covarrubias o Valdivieso, entre otros.

En este siglo, con un Estado débil, las aventuras separatistas proliferaron en la nación. Portugal, unida a la corona española desde el reinado de Felipe II, proclamó rey con ayuda de las naciones enemigas de España,

al Duque de Braganza. Naturalmente, España no reconoció la independencia de Portugal de primeras hasta el tratado de Lisboa en 1668. Cataluña no iba a quedarse atrás. Quiso unirse a Francia con la ayuda de algunos personajes aventureros de origen castellano y toledano, pero los desmanes de los franceses en su ocupación les hicieron desistir y los responsables fueron decapitados. En Andalucía también intentaron proclamar rey al duque de Medina Sidonia con apoyo extranjero pero sin resultado alguno. En Aragón probaron proclamar rey al duque de Híjar, siendo los principales conjurados condenados a muerte. En Nápoles y Sicilia se registraron movimientos separatistas y también resultaron sofocados.

El reinado del último Austria, Carlos II, fue el más calamitoso de esta dinastía. Varios validos ineptos y sin escrúpulos accedieron a la gobernación. Algunos no pasaron de correveidiles, como Valenzuela, en una Corte llena de escándalos e intrigas palaciegas que provocaron el descontento general. El resultado fue el destierro de la reina madre a Toledo en 1677 y de Valenzuela a Filipinas.

Los monarcas de la casa de Austria fueron grandes devotos de la Virgen del Sagrario, patrona de Toledo, y no faltaron sus frecuentes visitas a la suntuosa capilla que guarda su imagen en la catedral.

El arzobispo de Toledo se mantuvo siempre cerca este rey enfermizo y trató de apartarlo de la influencia de los válidos y de su esposa María de Neoburgo.

Al morir Carlos II sin descendencia se planteó el problema sucesorio. Las cancillerías europeas utilizaron sus influencias para intervenir en la solución dinástica a su favor. Sin embargo, fue el cardenal Portocarrero quien jugó un papel decisivo en determinar el problema. Los aspirantes se redujeron a dos: Carlos, archiduque de Austria, descendiente de la hermana menor de Felipe IV, y Felipe de Anjou, descendiente de la hermana mayor del mismo rey, nieto de Luis XIV de Francia y de María Teresa de Austria, hermana mayor de Carlos II.

En el último testamento, Carlos II dejó como legítimo sucesor a Felipe, y en su defecto al duque de Berry, su hermano menor. Después se reconocían los derechos de Carlos de Habsburgo y por último los del duque de Saboya.

Luis XIV de Francia, abuelo del candidato, también llevaba sangre española por parte de su madre Ana de Austria (la bisabuela de Felipe).

Hospital de Tavera desde al paseo de Sisebuto

Se prefirió mantener la dinastía austríaca a través de las ramas primogénitas femeninas desde Felipe III, incardinadas en la casa de Borbón.

La reina viuda de Carlos II fue desterrada en Toledo en 1701, instalándose en el Alcázar, donde permaneció cinco años.

Ayuntamiento de Toledo

TOLEDO BORBÓNICO

En 1701, Toledo levantó pendones proclamando y reconociendo como rey a Felipe V. Pronto comenzó una guerra civil del pretendiente austríaco contra el rey legítimo. Las potencias extranjeras se aprovecharon del conflicto y trasladaron la lucha a nuestro suelo, por lo que los españoles padecieron las consecuencias.

Un Toledo desguarnecido fue tomado por las tropas del austríaco en 1706 y la ciudad fue forzada a reconocerlo como rey, aunque más tarde, el pueblo, auxiliado por las tropas reales, expulsó a los usurpadores y aclamó como rey a Felipe V. La guerra se mantuvo y en 1710 las tropas del archiduque, reforzadas con otras portuguesas, entraron de nuevo en Toledo y la ocuparon durante unos meses. Al retirarse incendiaron el Alcázar. La guerra terminó con el tratado de Rastatt en 1714, en el que los ingleses, aliados con un pretendiente apartado de la sucesión, consiguieron el correspondiente beneficio territorial.

La vida en la ciudad durante la primera mitad del siglo XVIII languideció demográficamente. Aún quedaban algunas fábricas textiles, algo de agricultura, la administración eclesiástica y la industria espadera. La miseria recorrió la ciudad y aumentaron los socorros a los pobres. Los conventos y cofradías fomentaban la mendicidad y el vagabundeo con la sopa boba diaria, evitando que esta población se preocupase por el sustento.

A mediados de siglo se calculaba que existían en la ciudad 800 pobres de solemnidad, la mayor parte transeúntes, en una población de poco más de 20.000 almas, que llegaban atraídos por el beneficio de la caridad, pues habían transformado su pobreza en un oficio. El corregidor se planteó expulsar a los forasteros que no tuvieran trabajo, y ante la escasez de jornaleros emplear a los naturales que fueran aptos.

Los viajeros nos describen una ciudad en estado lastimoso. Faltaba limpieza y muchos edificios fueron abandonados o quedaron en estado ruinoso y el Alcázar fue incendiado. Faltaba también el agua corriente y el Ayuntamiento trató de solucionar el abastecimiento encargando un proyecto al inglés Richard Jones primero y al francés Pedro Curton después, en 1765, con el mismo resultado negativo que el anterior.

En este estado de cosas aparecieron nuevas corrientes ilustradas y en la segunda mitad del siglo se manifiestaron nuevas ideas y doctrinas que se preocuparon fundamentalmente por el bienestar del ciudadano. La población se incorporó, aunque tarde, a la vida cultural y al progreso alentado por los ilustrados racionalistas.

Los reformistas toledanos redoblaron sus esfuerzos para sacar a la ciudad del sopor que padecía fomentando la cultura, el comercio y la industria. Así, se creó una Compañía de Comercio y Fábricas, nació la Sociedad Económica de Amigos del País y se estableció la Real Fábrica de Armas Blancas y la Casa de Caridad.

La demanda de productos agrarios generó un interés por el campo que supuso el incremento de la población rural y por ello aumentaron las rentas agrarias. Los ilustrados intensificaron sus desvelos en mejorar la agricultura y aumentar su producción con nuevas técnicas. Se repoblaron los alrededores de Toledo con moreras para sostener la industria de la seda. Cientos de miles fueron plantadas en fincas privadas y públicas, de modo que esta industria sedera ocupaba a la mitad de la población artesana, al punto que en 1752 contaba la ciudad con 250 telares. Destacaron en esta industria las fábricas de Medrano, Molero, a la que fue concedida el título de real por Carlos III, y Vicente Díaz, propietario de numerosos telares en Toledo y sus alrededores, que lo convirtió en el mercader y fabricante de sedas más poderoso de Toledo en el siglo XVIII.

Las inquietudes intelectuales se canalizaron a través de la Universidad y la Sociedad Económica, fundada en 1776 por Francisco Pacheco de Palma, alcalde de la Hermandad Vieja de Toledo. Con ausencia de la nobleza, se sumaron a la Sociedad personas ilustradas procedentes del funcionariado, eclesiásticos, Universidad y componentes de la Hermandad Vieja. Dividieron sus tareas en comisiones dedicadas al fomento y estudio de la agricultura, industria, oficios, formación y comercio. Se abrieron cuatro escuelas de oficios profesionales en el ámbito de la sedería. Estimularon los estudios generales desde la enseñanza primaria y secundaria, tratando, en definitiva, de devolver a Toledo el progreso industrial, social y cultural de una gran la ciudad. El cardenal Lorenzana encontró en la Real Casa de la Caridad un sistema particular y novedoso para atajar el problema de la mendicidad. Esto proporcionó trabajo relacionado

Arco triunfal de entrada al puente de Alcántara

con las habilidades, el esfuerzo y las inclinaciones personales a toda la masa proletaria, combatiendo la vagancia y dando oportunidades retribuidas a todos los que quisieran sentirse útiles a la sociedad y cumpliendo funciones productivas, formativas y benéficas. La institución llegó a favorecer a 400 pobres que trabajaron en 124 telares. El destierro a Roma del cardenal causó la decadencia del establecimiento.

La recuperación de la industria de armas blancas fue una iniciativa de Carlos III al instalar junto al Tajo la Real Fábrica de Espadas con los pocos maestros que aún vivían en Toledo y otros foráneos, que atendieron las necesidades del Ejército para evitar la dependencia de otras fábricas extranjeras. A los pocos años, tras el aumento de la producción, en 1775, se encargó a Sabatini la construcción de un complejo industrial en el mismo lugar para el aprovechamiento de la fuerza motriz del agua. El proyecto fue concluido en 1780 y empleó a una plantilla de cuarenta personas.

La Universidad se independizó de su matriz, el colegio de Santa Catalina. El cardenal Lorenzana se ocupó de proporcionar a esta antigua institución académica un monumental edificio neoclásico construido por Ignacio Hans. Este mismo arquitecto se ocupó de levantar un hospital para dementes y de la puerta Llana de la catedral. El prelado dotó generosamente su biblioteca, aumentada con los fondos de los jesuitas expulsados y otros arzobispos. Reunió miles de volúmenes impresos y cientos de manuscritos e incunables medievales. Editó el *Misal mozárabe*, las obras de los padres de la Iglesia toledana antigua y no faltó, siguiendo las tendencias de la época, la creación de un gabinete de ciencias naturales y un museo de antigüedades.

Descollaron en este siglo ilustrado junto al cardenal Lorenzana, numerosos y brillantes eruditos que trabajaron en la ciudad como Flórez, Burriel, Palomares, Pérez Bayer, Salvatierra, Ventura Rodríguez, Maella, Bayeu...

Fuente de Cabrahigos, junto a la estación de ferrocarril

EL SIGLO XIX

Comenzó este siglo convulso para la historia de España con la invasión francesa de 1808 de los ejércitos napoleónicos. La Universidad de Toledo reaccionó con la creación de un batallón de voluntarios entre profesores y alumnos, germen de las antiguas escuelas militares.

El 25 de abril de 1808, una división de 10.000 hombres mandados por el general Dupont entró en Toledo y se dedicó al saqueo y a la destrucción de conventos e iglesias. Con esta tarjeta de presentación, el pueblo rechazó las pretensiones francesas de asentar una monarquía bonapartista, y después de la batalla de Bailén (julio de 1808) se proclamó rey a Fernando VII.

La presencia de numerosas tropas francesas, de nuevo en Toledo, provocó la huida de muchos vecinos y comunidades religiosas a los Montes de Toledo y pueblos cercanos. El cardenal de Toledo, Luis María de Borbón, único miembro de la familia real en España, publicó una pastoral en la que incitaba a los toledanos a empuñar las armas y defender la nación.

Las tropas francesas continuaron con su política del incendio y saqueo de iglesias y conventos durante cinco años buscando «tesoros» en los venerables sepulcros, más otras acciones indignas de cualquier nación civilizada en las que participaban incluso sus oficiales.

A pesar de las derrotas patrias en Almonacid, Ocaña y Puente del Arzobispo, los toledanos, como el resto de los españoles, nunca se consideraron vencidos. Se mantuvieron las instituciones del Estado, aunque itinerantes, y nacieron las juntas provinciales de gobierno en ausencia del rey Fernando. El pueblo organizó guerrillas, quintas columnas, redes de espionaje y creó un clima de rechazo, inquietud y miedo entre los franceses que les obligó a estar en permanente vigilia. Toda la nación fue beligerante y dio al traste con las pretensiones francesas.

Toledo sufrió la presencia de unos cuatro mil soldados franceses estacionados en la ciudad que se comportaron con la población como verdaderos delincuentes y expoliadores. Las guerrillas de Ventura Jiménez y de otros patriotas toledanos no dejaron de hostigar al enemigo, que nunca se consideró seguro fuera de las ciudades o pueblos ocupados.

En marzo de 1812, las Cortes reunidas en Cádiz aprobaron la primera Constitución Española.

En 1809 se procedió en Toledo al sainete de la jura del rey intruso José Bonaparte bajo la fuerza de las armas y la pasividad del vecindario. Visitó Toledo al menos en siete ocasiones, obedeciendo gran parte de ellas a situaciones militares. A pesar de que prometió convertir la ciudad en Real Sitio y restaurar el Alcázar, sus visitas no suscitaron ningún entusiasmo.

En 1813, tras algunas derrotas de los bonapartistas en Andalucía, y al acercarse el ejército español, los franceses de guarnición en Toledo salieron precipitadamente, lo que permitió la entrada de los guerrilleros con ochocientos efectivos para liberarla y restituir a las autoridades.

El 26 de agosto se proclamó en Toledo, con toda solemnidad, la Constitución de Cádiz, dando lectura a su texto en Zocodover, donde se celebraron tres días de festejos. La ciudad estuvo vigilada entonces por los guerrilleros. Pero en diciembre volvieron los franceses y permanecieron unos meses, siendo frecuentes las entradas y salidas de uno u otro ejército hasta la marcha definitiva de los extranjeros, momento en que se nombró un Corregidor.

En la batalla de San Marcial (junio de 1813), el ejército francés sufrió su derrota más humillante y hubieron de abandonar España.

No obstante, hubo españoles ilustrados y liberales que optaron por José Bonaparte como mal menor para evitar la guerra, la anarquía y abrir una posibilidad de modernizar la nación. Eran conocidos como afrancesados, pero el sometimiento al control del ejército francés les imposibilitó poner en práctica tantas reformas como pretendían, y ante el rechazo del pueblo enfervorizado por el regreso de Fernando VII hubieron de marchar al exilio.

El 5 de enero de 1814 entró en Madrid la Regencia del Reino presidida por el cardenal de Toledo, que representaba el orden constitucional frente al absolutismo de los realistas de Fernando VII, quien dando un verdadero golpe de Estado abolió la Constitución el 4 de mayo.

Siguió una etapa de represión contra los liberales y funcionarios de la administración bonapartista, y la persecución se convirtió en una verdadera guerra civil entre liberales y absolutistas.

Durante su largo y desgraciado reinado, Fernando VII se casó cuatro

Calle Real del Arrabal. Subida a Zocodover desde la Puerta de Bisagra

veces y solo tuvo una hija, Isabel. Para asegurar en ella la Corona abolió la Ley Sálica que impedía el acceso al trono a las mujeres. El infante Carlos María, hermano de Fernando VII, no aceptó la sucesión, y junto con sus partidarios crearon el partido carlista. Sus seguidores se levantaron en armas en diversas regiones contra la heredera y provocaron tres guerras civiles a lo largo del siglo XIX.

Un suceso que afectó al patrimonio eclesiástico de la ciudad fue la desamortización de sus bienes por decreto del ministro Mendizábal en 1836, sacándolos a subasta. Se vendieron en Toledo 387 propiedades rústicas de hospitales, cofradías, obras pías y casas de misericordia que fueron a engrosar el patrimonio de aristócratas madrileños.

El año anterior se habían suprimido todas las órdenes monacales y conventuales, a excepción de las que se dedicaban a la enseñanza de niños pobres, como la de San Juan de Dios, y las entregadas a la formación de misioneros. Los bienes del resto de las comunidades fueron nacionalizados y vendidos. Se perdió con ello gran parte del patrimonio artístico español al despoblarse y malvenderse los edificios artísticos con obras de arte, bibliotecas, archivos... Tan solo una parte pequeña se salvó.

La desamortización no produjo los ingresos previstos, ya que surgieron los especuladores, revendedores y hombres de paja, que no perdonaron ni ermitas ni catedrales. Numerosos extranjeros también se apuntaron a este nuevo saqueo que ofrecía el Estado, por lo que emigraron fuera de España numerosas obras de arte.

En Toledo fue habilitado el convento de San Pedro Mártir para almacenar lo que por ley se tuvo que guardar. Allí fueron a parar unos dos mil cuadros y objetos artísticos, junto a 400.000 libros, sin mantener ninguna precaución para su conservación o expolio fácil.

A la Casa de la Moneda de Madrid se llevaron unas 1.380 piezas artísticas de plata y oro para fundir procedentes de la provincia.

El importe de la desamortización en Toledo ascendió a 4.732.291 reales de vellón. Su empleo inmediato fue el de financiar las guerras civiles, donde hasta los que las ganaron, perdieron y perdimos.

Toledo ofreció de nuevo un aspecto de escombrera, con muchos de sus grandes edificios destruidos por la guerra contra los franceses y por la demolición efectuada por los nuevos propietarios beneficiados por la desamortización, que los redujeron a solares o ruinas a medio expoliar, refugio de menesterosos.

En Toledo cundió la melancolía y se vivió la decadencia de una ciudad multisecular, cuyos tesoros arquitectónicos yacieron destruidos o aban-

Vista del Alcázar desde la plaza de Zododover

donados, desapareciendo incluso el perfil urbano con el fin de sufragar unas guerras civiles.

La nueva realidad toledana creó un ambiente propicio para la llegada de los románticos, que encontraron un escenario grandioso para sentir y emocionarse con las evocaciones de un pasado, ya bajo los cascotes y cubiertos de hiedras, pero que les suponía un estímulo para su imaginación, su pluma y sus pinceles.

En este siglo Toledo se convirtió en capital de Castilla La Nueva, según la organización territorial del ministro Javier de Burgos. La nueva división del territorio en cuarenta y nueve provincias llevaría el nombre de su capital. Así nació la provincia de Toledo con un territorio «provisional» que aún continúa, dividida a su vez en doce partidos judiciales que permanecieron hasta 1965.

La nueva organización administrativa aportó un aumento demográfico vinculado a la burocracia que benefició al comercio y la industria local, que junto a la población que agrupaba a la Iglesia diocesana, la catedral y el estamento militar, constituían el tejido social de la ciudad a finales del siglo XIX. La población experimentó un ligero aumento y pasó de 13.000 habitantes a más de 17.000.

De entre los acontecimientos que se sucedieron en la década de los años cuarenta, destacamos la supresión de la Universidad, la instalación de la Escuela General Militar procedente de Segovia, la apertura de la Escuela Normal y el comienzo de las clases en el Instituto de Segunda Enseñanza.

En los cincuenta, los toledanos vieron llegar el ferrocarril desde Castillejos, una línea ampliada años más tarde con la Aranjuez-Toledo, y abre sus puertas el Colegio de Infantería.

Viajan a Toledo Gertrudis Gómez de Avellaneda y Gustavo Adolfo Bécquer.

Antonio Martín Gamero publica su célebre *Historia de Toledo* y se descubre el tesoro de Guarrazar.

La obra política de mayor calado en la segunda mitad del siglo fue la Constitución de 1876, consensuada por todas las fuerzas políticas, que recogía los principios generales del liberalismo y el bipartidismo.

En 1885, la Sociedad Cooperativa de Obreros inauguró la Caja de Ahorros y Monte de Piedad de Toledo y comenzaron las obras de restauración del Alcázar para instalar la Academia de Infantería.

El bandolerismo recorría los Montes de Toledo en estas fechas, declarando el Gobierno la comarca como zona de guerra. Los bandoleros más peligrosos se ejecutaban en Toledo.

Pese a la situación económica y social heredada de la primera mitad del siglo, se realizaron esfuerzos por modernizar la ciudad, a los que se sumaron los movimientos desarrollistas del mundo que les tocó vivir con la avalancha de «nuevas tecnologías»: la electricidad, el teléfono, el telégrafo, el automóvil, el ferrocarril, la fotografía, las comunicaciones...

En el Ayuntamiento se tomaron acuerdos para mantener la ciudad limpia y modernizarla con un cambio de aspecto gracias al ferrocarril, que facilitó la llegada de gentes con nuevas iniciativas. Se aumentaron los controles sanitarios y de higiene pública con la mejora del alcantarillado y el abastecimiento de agua potable a las fuentes. Apareció el alumbrado eléctrico en las calles y nuevos espacios públicos aportaron al ocio toledano un teatro, una plaza de toros, una casino, un cinematógrafo...

Encontramos también establecimientos financieros y de seguros, los primeros hoteles, fondas y casas de huéspedes para acoger a viajeros. No faltó ninguno que se preciara en la Europa de finales del siglo XIX que en sus viajes a España no pasara por Toledo y dejara sus impresiones, grabados, dibujos, apuntes o fotografías, como David Wilkie, Richard Ford, Prosper Merimée, Edgart Quinet, J. Pettigrew, T. Gautier, Barré o españoles como Gustavo Adolfo Bécquer, Pérez de Villaamil, Parcerisa. Fotógrafos como Charles Clifford, J. Laurent o Casiano Alguacil, precursor de la fotografía comercial junto a Higinio Ros, Lucas Fraile. Pintores como Pizarro, Matías Moreno, Vicente Magán, Cutanda o Arredondo. Todos supieron captar esa ciudad que volvía a despertar ante la llegada del siglo XX.

Un portón de madera de los muchos que hay en Toledo.

Vista del Arrabal desde las escaleras mecánicas de acceso al casco histórico

EL SIGLO XX: ENTRE LA HERENCIA Y EL DESARROLLO

El 17 de mayo de 1902, Alfonso XIII, una vez declarado mayor de edad, juró la Constitución de 1876 y comenzó a reinar cuando el régimen de la Restauración comenzaba a declinar. Sobresalieron políticos conservadores como Antonio Maura, que sustituyó a Francisco Silvela, sucesor de Cánovas. Entre los liberales se encontraban el gallego José Canalejas y el conde de Romanones, y entre los tradicionalistas Vázquez Mella. Los republicanos continuaron haciéndose presentes con Lerroux y los revolucionarios con Pablo Iglesias (1850-1925). Entre los regionalistas, la figura más señera fue el catalán Cambó con su Liga. Los anarquistas hacían lo que sabían, a veces coaligados con republicanos y socialistas (recuérdese la Semana Trágica de Barcelona en 1909). Después de los intentos por recuperar el orden, cayó Maura y dio paso a la dictadura del general Primo de Rivera.

En Toledo, por su situación con respecto a Madrid, la política nacional influía muy de cerca en la política provincial. La lucha entre partidos se reflejó en el numeroso grupo de periódicos que se editaron de todas las tendencias y los partidos fueron un reflejo de los existentes en Madrid.

A principios del siglo arraigó en las zonas rurales y en Toledo el sindicalismo católico agrario a impulsos de la doctrina social de la Iglesia, consiguiendo 80.000 afiliados. Estos sindicatos desplegaron una gran actividad social, fundaron cajas de ahorros, economatos y mutualidades de seguros para los obreros enfermos y construyeron casas para jornaleros y agricultores. Comenzaron a declinar en la dictadura de Primo de Rivera con el auge de la UGT.

Entre 1910 y 1919 se creó el Patronato de la Casa del Greco, se abrió la Casa del Pueblo y la Escuela Central de Gimnasia dirigida por el general Villalba.

Ante la situación penosa de la enseñanza en Toledo y la provincia, donde un alto porcentaje de la población era analfabeta, bajo el pontificado del cardenal Sancha (1898-1909) se abrieron escuelas gratuitas para los hijos de obreros sin recursos y escuelas nocturnas y dominicales para adultos (Sopeña). Llegaron también a Toledo, Talavera y otras poblaciones de la provincia congregaciones religiosas de la enseñanza como los Maristas o la Compañía de María. La Casa del Pueblo promocionó igualmente la enseñanza entre los obreros.

El turismo se consolidó como un prometedor recurso económico para la ciudad. Aparecieron las primeras guías turísticas, cuyo precedente lo encontramos en el famoso *Toledo Pintoresca* (1845), en la que participaron ilustres toledanistas. El Vizconde de Palazuelos mejoró también las anteriores con su guía bilingüe de Toledo.

Destacó en el deseo de promocionar la ciudad Santiago Camarasa, editor de varias revistas ilustradas sobre Toledo y Castilla, junto a otras iniciativas publicitarias. Con Martínez Simancas, Elías Tormo y Polo Benito se conseguía que este género alcanzase un alto nivel de erudición. El Patronato Nacional de Trismo publicó una guía asimismo en cinco lenguas.

La lucha de los partidos por el poder, los frecuentes cambios de gobierno, la desorientación política, la grave agitación de los extremistas y los descalabros africanos motivaron al general Miguel Primo de Rivera dar un golpe de Estado y establecer una dictadura militar (1923) que restableciera el orden. Se inicia así una etapa de reconstrucción nacional en colaboración con fuerzas políticas y sindicales. Francisco Largo Caballero, líder sindical de la UGT y del PSOE, formó parte del Consejo de Estado y otros destacados líderes socialistas ocuparon cargos de relevancia en distintas instituciones de la dictadura. De esta colaboración y entendimiento surgió una etapa de un amplio desarrollo social y económico en todo el país. Durante la dictadura de Primo de Rivera se trató de intervenir en la solución del analfabetismo abriendo y proyectando numerosas escuelas públicas en la provincia, muchas de las cuales fueron concluidas por la República. La plena escolarización se logró más tarde.

El general pretendió crear un partido único, para lo que fundó la Unión Patriótica que acabó en un fracaso. El resto de las fuerzas políticas conspiraron contra él y dimitió en 1930.

En este periodo, Toledo era una ciudad que continuaba su modernización y su población crecía lentamente, como su economía. En la Fábrica de Armas trabajaban 900 obreros y en la provincia predominaba el sector agropecuario con un campesinado sometido a condiciones de trabajo extremas y a jornales de miseria.

En lo cultural, Toledo continuó acogiendo a artistas e intelectuales,

Estatua de Eduardo Chillida junto a la muralla. Puerta de Alfonso VI

destacando a principios de siglo el artista Stewart Dick, el escritor e hispanófilo francés Maurice Barrés, que escribió *El Greco o el secreto de Toledo* y dio un impulso al reconocimiento del cretense, ya que motivó nuevos estudios, entre ellos los realizados por el doctor Marañón.

El escritor Félix Urabayen, con brillante prosa, supo interpretar simbólicamente la ciudad y la provincia. Julio Pascual, el gran forjador artístico, los del gremio de la cerámica: Aguado y Pedraza, pintores como Enrique Vera, escultores como Cabrera o Alberto Sánchez, pedagogos como Luis de Hoyos, el arquitecto Clavería, que diseñó la estación de ferrocarril o Arturo Mélida la Escuela de Artes. El compositor Jacinto Guerrero triunfaba en Madrid.

En Toledo vivió y escribió Galdós y la ciudad fue destino de las correrías ociosas de la festiva *Orden de Toledo*, fundada por Buñuel, a la que se unieron Dalí, Lorca, Alberti, Pepín Bello, María Teresa León y otros convivientes en la Residencia de Estudiantes madrileña, futuros representantes del vanguardismo español, visitantes asiduos de la ciudad y de la Venta de Aires.

La sede arzobispal toledana la ocuparon durante el primer cuarto de siglo los cardenales Sancha, Aguirre, Guisasola, Almaraz y Reig Casanova.

Entre los periódicos de mayor tirada destacaba *El Castellano* (1904-1936), de inspiración católica. Convertido en el principal medio de comunicación, fue el de más larga vida entre los que se han publicado en Toledo, con 8.446 números en la calle. Dejó de editarse el 20 de julio de 1936.

Le siguió en tirada *El Heraldo Toledano* (1901-1931), que evolucionó de periódico conservador a socialista. Estaba dirigido por el diputado socialista A. Jimeno y publicó 4.271 números.

Existió en Toledo, además de los ejemplos citados, numerosa prensa periódica con todo tipo de tendencias y objetivos: culturales, empresariales, satíricos, humorísticos, recreativos, literarios, artísticos, turísticos, etc, pero no sobrevivieron a 1936.

La República se proclamó en Toledo en 1931, pero sus fundadores teóricos, los eruditos Ortega, Marañón y Pérez de Ayala no tardaron en huir de España junto con otros intelectuales, incluso de izquierdas, por miedo a perder la vida, dado el giro revolucionario que tomó la República.

En las elecciones generales celebradas en la provincia ese año, alcanzaron la mayoría las izquierdas. Dos años después, sin embargo, sólo obtuvo dos diputados frente a los ocho del centroderecha de la CEDA. En 1936, la izquierda alcanzó dos diputados y mayoría la derecha con

Estación de ferrocarril de estilo neomudéjar

seis de la CEDA, uno de los Agrarios y uno más de la Comunión Tradicionalista. Fueron las últimas elecciones libres hasta 1976.

En julio de 1936, tras luctuosos acontecimientos, la guarnición militar y Guardia Civil de Toledo se alzó contra el gobierno de la Republica haciéndose fuertes en el Alcázar. Había comenzado una cruenta guerra civil (1936-1939) que nos recuerda unas palabras de San Isidoro de Sevilla (s. VII) que parecen escritas para los contendientes de ambos bandos: «*Cargaste muy dura mano sobre mí, quebrantando mi carne con cruel venganza de azotes, con llagas, con hierro, con inmundicia, con peste, con cárcel de tinieblas*».

Durante el prolongado gobierno personalista ejercido por el general Franco hasta su fallecimiento en 1975, la evidencia histórica nos muestra un proceso lento de restauración de la ciudad. Se reconstruyeron edificios civiles, religiosos y militares, unos perjudicados por la guerra y otros de nueva planta, con lo que se recuperó una parte del patrimonio destruido o dañado.

Se construyó también el pantano del Torcón en 1948, un hito para la historia de la ciudad, después de muchos siglos de escasez de agua potable. Aparecieron las barriadas nuevas de Palomarejos, Reconquista, Santa Bárbara y Poblado Obrero.

La nueva Escuela Normal del Magisterio abrió a finales de los años cincuenta junto a centros docentes de primera y segunda enseñanza. Y se recuperaron los estudios universitarios.

A principios de los años setenta se levantó la barriada industrial de Santa María de Benquerencia, una de las más populosas de la ciudad. Se construyeron puentes nuevos e infraestructuras urbanas, incluido un nuevo pantano en el Guajaraz. En 1968 se inauguró el Parador Nacional de Turismo y en 1974 abrió sus puertas el Hospital Nacional de Parapléjicos.

Se recuperaron las tradiciones toledanas y se normalizó la vida comercial, industrial, turística y cultural bajo un régimen de partido único, sindicatos verticales y carente de las libertades básicas que consagraran las constituciones democráticas occidentales.

LA TRANSICIÓN DEMOCRÁTICA

En 1975, con el fallecimiento del general Francisco Franco, llegamos al declive de la dictadura y a su agotamiento. Accede a la jefatura del Estado el rey Juan Carlos I y al año siguiente encarga a Adolfo Suárez ocuparse del cambio de régimen. El 15 de diciembre de 1976 se aprueba la "Ley para la reforma política" sometida a referéndum y los toledanos, como el resto de los españoles, optaron por el cambio político, siendo promulgada el 4 de enero de 1977, lo que supuso la derogación

tácita del régimen anterior y el establecimiento de un nuevo marco político, buscando la reconciliación de los españoles y dando lugar a la transición pacífica hacia la democracia.

El 15 de junio de 1977 se celebraron en Toledo las primeras elecciones libres desde 1936 con una considerable participación. Dieron como resultado el triunfo del centro derecha con 2 diputados de UCD, 2 PSOE y 1 AP en el Congreso y 2 de UCD y 2 PSOE al Senado.

Se inician los primeros tiempos democráticos, ensangrentados por los terroristas de ETA, que culminan con la aprobación de la Constitución en 1978, consensuada por todas las fuerzas política elegidas democráticamente y aprobada por el 87,78 % de los españoles. En ella se reconocen como valores superiores la libertad, la justicia, la igualdad y el pluralismo político. Determina que la forma política del Estado es la Monarquía parlamentaria y se fundamenta en "la indisoluble unidad de la nación española, patria común e indivisible de todos los españoles", y continúa desarrollándose en 169 capítulos y disposiciones.

El primer ayuntamiento democrático toledano en 1979 fue de centro, presidido por la Unión de Centro Democrático, (UCD).

De 1975 a 1977, como hemos visto, se produjo en Toledo, al igual que en el resto de España, una transición política ejemplar, necesaria y recomendable de nuevo en nuestros días, que sirvió para ofrecernos una sociedad capaz de entendimiento, más libre, responsable, reflexiva y democrática, siendo así reconocida por todo el mundo occidental libre. Interesada más en el entendimiento entre todos los españoles y en la construcción de un futuro común que en los conflictos del pasado. Hechos que la historia debe guardar también, no para reiniciarlos, ni utilizarlos con fines políticos, sino para no repetirlos. No se puede ideologizar la historia. Es necesario conocerla, sin carencias. La amnesia y las manipulaciones históricas *"se pagan socialmente con la pérdida de referencias y de encuentros comunes"*, como dice el Libro Blanco de la CE.

El conocimiento del pasado *"es indispensable para valorar el presente"*. De la Historia debemos tomar también ejemplos y sentirnos orgullosos de aquellos episodios que nos han transformado en una gran nación sin complejos, protagonista de grandes empresas, proyectos científicos y aportaciones universales, defensores de nuestra independencia, de nuestros valores patrimoniales, de nuestra lengua y cultura, de nuestras familias y creencias y de nuestro futuro en paz y libertad.

La historia de Toledo no termina entre las ruinas del Alcázar, que ya no lo son, sino que aquello, felizmente superado, se ha transformado en grandes espacios culturales para la ciudad. Y la vida en el siglo XXI fluye vertiginosa por la ciudad, capital de una nueva Región (1983), que fue la nueva Castilla o antiguo reino de Toledo, hoy Castilla la Mancha.

EPILOGO

Este es el momento en que la narración debe hacer un alto en el camino para que desde nuestra posición de observadores y estudiosos sepamos que la memoria y la historia son dos realidades diferentes, y afirmar que la reciente historia de Toledo, de la que hemos sido receptores, aunque en segunda o tercera generación, e incluso la recibida de los propios protagonistas, habría que estudiarla con la perspectiva del tiempo. Por ello, dejamos al lector atento por descubrir lo que en la historia se encuentra al otro lado de las circunstancias coyunturales de este o aquel momento que marca la política. Existe una numerosísima y valiosa bibliografía de nuestra historia contemporánea, junto a los archivos, hemerotecas y todo tipo de documentación, que ayudaran a conocer mejor los hechos históricos, donde las nuevas generaciones podrán investigar, consultar y sacar conclusiones desde la libertad, la imparcialidad y el rigor.

Moderna pasarela sobre restos de muralla

La luna sobre los pináculos de San Juan de los Reyes

Cadenas de cristianos liberados en el siglo XV. San Juan de los Reyes

BIBLIOGRAFÍA

ÁLVARO REGUERA E.; (1987), "La Edad del Bronce en el valle del Tajo", en *Carpetania I*, Toledo, Madrid.

BENITO RUANO, E.; (1972), *Toledo en el siglo XV*, Madrid, CSIC.

BLÁZQUEZ PÉREZ C.; (1990), "Toledo y la Carpetania en la Edad Antigua. Problemas y avances en la investigación histórica actual", en *Toledo y la Carpetania en la Edad Antigua*, Toledo.

CERRO MALAGÓN, R.; (1992), *Carretera, ferrocarril y hospedaje en Toledo (1840-1940)*, Ayuntamiento de Toledo.

DONEZAR DÍEZ DE ULZURUN, J.M.; (1984). *Riqueza y propiedad en la Castilla del Antiguo Régimen. La provincia de Toledo en el siglo XVIII*, Madrid, Instituto de Estudios Agrarios.

FEIJO GÓMEZ, A.; (1990). *La desamortización del s. XIX en Castilla-La Mancha*, Toledo, JCCM.

FÉRNANDEZ DELGADO, J.J.; (2022), *Alfonso X el Sabio y Toledo*, Toledo, Ledoria.

GARÍIA FERNÁNDEZ, A.; (1991), *Toledo entre Austrias y Borbones. Destierro de doña María Ana de Neoburgo*, Ayuntamiento de Toledo.

GÓMEZ ARAGONÉS, D.; (2022), *Toledo. Biografía de la ciudad sagrada*. Madrid, Esfera de los Libros.

GÓMEZ-MENOR FUENTES, J.C.; (s/f), *Cristianos nuevos y mercaderes de Toledo*, Toleedo, Zocodover.

Idem; (1973), "La sociedad conversa toledana en la primera mitad del siglo XVI", wn *Simposio Toledo Judaico*, Toledo.

GONZÁLEZ A.; (1990), "La cristianización de la Carpetania", en *Toledo y la Carpetania en la Edad Antigua*, Toledo.

GONZÁLVEZ RUIZ, R.; (1983), "La sociedad toledana bajomedieval (s. XII-XIV)", en *I Congreso Internacional. Encuentro de las tres culturas*. Toledo.

HOROZCO Sebastián de; (1981), *Relaciones históricas toledanas*, Toledo, IPIET.

IZQUIERDO BENITO, R.; (1986), *Alfonso VI y la toma de Toledo*, Toledo, IPIET, Temas Toledanos, nº 44.

JIMÉNEZ DE GREGORIO, F.; (1984), *El Ayuntamiento de Toledo en la Guerra por la Independencia y su entorno.1809-1812*, Diputación Provincial de Toledo.

LEBLIC GARCÍA, V.; (2010), *Breve Historia de Toledo*, Toledo, Covarrubias.

Idem; (2023), *Los heterodoxos en Toledo*, Toledo, Ledoria.

LEÓN TELLO, P.; (1984), "La historia de los judíos toledanos del siglo XIV en los documentos", en *Anales Toledanos XVIII*, Toledo.

LÓPEZ COVARRUBIAS, A.; (2008), *Cronología histórica de Toledo*, Toledo, Covarrubias.

MARTÍN ARRÚE, F. y OLAVARRIA HUARTE, F.; (1889), *Historia del Alcázar de Toledo*, Madrid.

MARTÍN GAMERO, A.; (1862), *Historia de la ciudad de Toledo, sus claros varones y monumentos*, Toledo; Reedición (facsímil, 1979), Zocodover, 2 vol., Toledo.

MARTÍNEZ GIL, F.; (1993), *La ciudad inquieta. Toledo comunera, 1520-1522*, Toledo, IPIET,

MORENO NIETO, L.; (1996), *Toledo, 1931-1936. Memorias de un periodista*, Diputación Provincial de Toledo.

MIRANDA CALVO, J.; (1980), *La Reconquista de Toledo por Alfonso VI*, Toledo, Instituto de Estudios Visigótico-Mozárabes.

NIETO GARCÍA, A.; (1991), *Bienes comunales de los Montes de Toledo*, Madrid, Civitas-Ayuntamiento de los Yébenes.

PÉREZ GALDÓS, B.; (2000), *Toledo, su historia y su leyenda*, Toledo, Pareja.

PORRES MARTÍN-CLETO, J.; (1991), "La ciudad de Toledo a mediados del siglo XV", en Toledo, *Anales Toledanos XXVIII*.

Idem; (1982), *Toledo, puerto de Castilla*, Toledo, IPIET.

Idem; (1985), *Historia de Tulaytula.1985 (711-1085)*, Toledo, IPIET. Reediciones, Ledoria 2015 y 2025.

RIVERA RECIO, J.F.; (1985), *San Ildefonso de Toledo. Biografía, época y posteridad*, Madrid, BAC.

Idem; (1980), *El adopcionismo en España (s. VIII). Estudio Teológico San Ildefonso*, Toledo.

RUBIERA, M.J.; (1991), "Los primeros moros conversos y el origen de la tolerancia", en *Toledo, siglos XII y XIII*, Madrid.

SÁNCHEZ SÁNCHEZ, I.; (1983), *Historia y evolución de la prensa toledana (1833-1939)*, Toledo, Zocodover.

SÁNCHEZ SÁNCHEZ, J.; (1982), "Los orígenes del sindicalismo católico en Toledo: el proyecto del Protectorado Obrero de 1904", en *Anales Toledanos, XV*, Toledo.

SAINZ PASCUAL, M.J.; (1991), "Toledo romano", en *Arquitecturas de Toledo*, vol I, Toledo.

SANTOS VAQUERO, A.; (1984), *La Real Casa de la Caridad de Toledo. Una institución ilustrada*, Toledo, IPIET.

SIERRA NAVA LASA, L.; *El cardenal Lorenzana y la Ilustración.*, Madrid, FUE.

URBINA MARTÍNEZ, D.; (1998), "La Carpetania romana y los carpetanos indígenas: tribus, etnia, nación o país de los escarpes", en *Gerión. Revista de Historia Antigua*, nº 16, Madrid.

Vista de Toledo desde los cigarrales

Arco visigodo en la iglesia de Santa Justa